Interkulturelle Kommunikation in der Gesundheitswirtschaft

Cornelia Walter · Zeina Matar

Interkulturelle Kommunikation in der Gesundheitswirtschaft

Herausforderungen, Chancen und
Fallbeispiele

Cornelia Walter
Organisations- und Personalentwicklung
Stuttgart, Deutschland

Zeina Matar
Interkulturelle Beratung
Stuttgart, Deutschland

•

ISBN 978-3-658-20240-8   ISBN 978-3-658-20241-5   (eBook)
https://doi.org/10.1007/978-3-658-20241-5

Die Deutsche Nationalbibliothek verzeichnet diese Publikation in der Deutschen Nationalbiblio-
grafie; detaillierte bibliografische Daten sind im Internet über http://dnb.d-nb.de abrufbar.

Springer Gabler

Gedruckt auf säurefreiem und chlorfrei gebleichtem Papier

Springer Gabler ist ein Imprint der eingetragenen Gesellschaft Springer Fachmedien Wiesbaden
GmbH und ist ein Teil von Springer Nature
Die Anschrift der Gesellschaft ist: Abraham-Lincoln-Str. 46, 65189 Wiesbaden, Germany

Vorwort

Die interkulturelle Kommunikation ist mittlerweile fester Bestandteil der alltäglichen Praxis – bewusst oder unbewusst. Wenn wir mit Patienten, Kunden, Zulieferern, Angehörigen oder Kollegen aus einem anderen Kulturkreis interagieren, dann werden wir mit Verhaltensweisen konfrontiert, die nicht immer unserer Norm entsprechen.

Beschäftigte in Krankenhäusern, Pflegeeinrichtungen, Arztpraxen, physiotherapeutischen Praxen und bei Arzneimittelherstellern, Krankenkassen, etc. sind mehr denn je gefragt, sich dem Thema Vielfalt zu öffnen und ihm positiv gegenüberzustehen.

Denn auch in der Gesundheitswirtschaft wird die Globalisierung deutlich: So stehen die Leistungen der Krankenhäuser nicht mehr nur Personen aus Deutschland zur Verfügung, sondern auch Medizintouristen. Apotheken verkaufen vorwiegend Produkte aus dem Ausland. So entstehen neue Märkte und die Berücksichtigung der Bedürfnisse von Kunden aus einem anderen Kulturkreis bedeutet, deren Werte und Verhaltensweisen zu verstehen und die Leistungen entsprechend anzupassen.

Die Branche der Gesundheitswirtschaft unterscheidet sich von anderen Branchen bei der interkulturellen Kommunikation dadurch, dass die meisten Kunden der Gesundheitswirtschaft in einem Abhängigkeitsverhältnis stehen. Die Werte, die das Verständnis von Gesundheit und Gesundheitswirtschaft mitbestimmen, sind in jedem Kulturkreis unterschiedlich. Insofern treffen Beschäftigte und Kunden der Gesundheitswirtschaft mit unterschiedlichen Wertevorstellungen in Bezug auf Gesundheit und Krankheit aufeinander.

Aus Gründen der besseren Lesbarkeit verwenden wir in diesem Buch überwiegend das generische Maskulinum. Dies impliziert immer beide Formen, schließt also die weibliche Form mit ein.

Interkulturelle Kompetenz ist in einer Gesellschaft im Wandel kein „Nice to Have" mehr, sondern eine Notwendigkeit. Dieses Buch richtet sich daher an Praktiker, Lernende und Lehrende in der Gesundheitswirtschaft gleichermaßen. Sie lesen ein Lehr- und Praxisbuch, das auf theoretischen Grundlagen und aktuellen Studien zur interkulturellen Kommunikation basiert.

Doch was bringt die Fachliteratur ohne echte Fälle aus der Praxis, die den Wissenstransfer veranschaulichen. Beispiele aus unserem Berufsalltag und die Erfahrung anderer Akteure lockern das Buch auf und zeigen, wie interkulturelle Kommunikation gelingen oder auch nicht gelingen kann.

Ein wertvoller Teil dieses Buchs sind die Interviews, die die Autorinnen mit insgesamt 15 Akteuren aus der Gesundheitswirtschaft in Deutschland und im Ausland zur interkulturellen Situation in ihrer jeweiligen Einrichtung der Gesundheitswirtschaft durchgeführt haben. Diese Interviews sind im Buch komplett oder in Auszügen zu lesen. Ein Fundus an durchdachten, meist anonymisierten Antworten von Pflegekräften, Ärzten, Seelsorgern, Qualitätsbeauftragten, Praxismanagern, Personalentwicklern, Sozialversicherungsfachangestellten, Pharmazeuten und Logopäden zeigt, wie Beschäftigte in der Gesundheitswirtschaft mit welchen Herausforderungen zurechtkommen.

Deutlich wurde, dass die Einrichtungen immer interkultureller werden, die Beschäftigten jedoch nur wenig unterstützen. Eine interkulturelle Vorbereitung wird nur selten angeboten, und oft ist ein Dolmetscherdienst oder die Umsetzung des Allgemeinen Gleichbehandlungsgesetzes die alleinige Maßnahme. Daher wollten die meisten Interviewpartner anonym bleiben, auch weil sie ihrem Arbeitgeber gegenüber loyal sind. Viele Beschäftigte helfen sich selbst, indem sie „mit Händen und Füßen erklären", „humorvoll", „geduldig, respektvoll und höflich" sind. Ein Arzt antwortete auf die Frage, wie er mit den täglichen interkulturellen Herausforderungen umgeht: „Manchmal still genervt sein."

Die größte Herausforderung sehen alle Interviewpartner bei den Sprachkenntnissen, dicht gefolgt von einem unterschiedlichen Verständnis von Hierarchie und Respekt gegenüber dem Personal. Es gab aber auch Interviews, die zeigten, dass der Interkulturalität professionell begegnet wird. So berichtete ein Seelsorger in einem Krankenhaus der Malteser, dass im Rahmen des Ethikkomitees ausländische Ärzte eingeladen werden, um mit ihnen die Interkulturalität in der Behandlung von Patienten zu besprechen. Themen wie Umgang mit Kindern, Homosexualität, Verständnis von Krankheit und Sterben werden diskutiert, um dann die Erkenntnisse in Empfehlungen, Verfahrensanweisungen und Schulungen in die Praxis umzusetzen.

Auch die Erzählungen einer Kinderärztin aus den USA war hilfreich, um zu sehen, was eine Einrichtung tun kann, damit die Verständigung zwischen Personal und Patienten besser funktioniert und das Personal professionelle Handlungsmöglichkeiten erhält.

Nicht nur unsere eigene Berufserfahrung und unser interkulturelles Wissen
hat uns für dieses Buch motiviert. Auch die Interviews haben uns bestätigt, wie
wichtig ein Fachbuch zur interkulturellen Kommunikation in der Gesundheitswirtschaft ist. Es gibt zahlreiche Bücher zur transkulturellen Pflege und zur interkulturellen Kommunikation, die sich jedoch nicht auf die Gesundheitswirtschaft
beziehen und selten eine wissenschaftliche Grundlage haben. Diese Bücher haben
ihre Berechtigung, wenn es um die konkrete Umsetzung auf den Stationen und
den Wohnbereichen geht. Den meisten Büchern fehlt jedoch eine kulturanthropo-
logische, soziologische und gesundheitsökonomische Grundlage. Dieses Buch
blickt über den Tellerrand der einzelnen Einrichtungen hinaus, indem es die
Wechselwirkungen zwischen Gesellschaft und unterschiedlichen Einrichtungen
der Gesundheitswirtschaft untersucht. Es bietet auch konkrete Handlungsmöglichkeiten und Maßnahmen für eine gelungene Kommunikation auf verschiedenen
Ebenen einer Organisation den Lesern. Wir hoffen, damit eine Lücke zu schließen.

Das Buch beginnt mit einem Kapitel über die Herausforderungen und Chancen der interkulturellen Gesundheitswirtschaft in Deutschland. Daten und Fakten über die Gesundheitswirtschaft als bedeutender Wirtschaftssektor dienen als
Grundlage für die weiteren Kapitel. Wir zeigen auf, inwieweit gesellschaftliche
und organisatorische Veränderungen den Berufsalltag prägen. Nicht nur Patienten, sondern auch zunehmend Beschäftigte stammen aus vielen unterschiedlichen
Ländern und Kulturen. Daher ist eine interkulturelle Öffnung der Gesundheitswirtschaft notwendig.

Kap. 2 bietet eine breite Grundlage für alle kulturrelevanten Aspekte: Kultur
als Begriff, Kulturmodelle und -dimensionen, Stereotypen und Vorurteile. Der
Einfluss von Kultur auf Kommunikation in den unterschiedlichsten Ausprägungen
wie z. B. Körpersprache und Vertragssprache zeigt, wie vielfältig Kommunikation
sein kann. Zahlreiche Beispiele verdeutlichen die Bandbreite von interkultureller
Kommunikation im Berufsalltag und werden wissenschaftlich erläutert.

Organisationen sind im Wandel, und Kultur spielt eine nicht unwichtige Rolle
in diesem Prozess. Kap. 3 zeigt, wie Organisationen eigene Kulturen und Subkulturen entwickeln. Unterschiedliche Generationen, auch Subkulturen, arbeiten nebeneinander oder miteinander. Deren z. T. unterschiedlichen Werte und
Arbeitsauffassungen führen nicht selten zu Konflikten. Hinzu kommt die Digitalisierung, deren Konsequenzen wir noch nicht ganz einschätzen können, da diese
in der Gesundheitswirtschaft gerade erst eingesetzt hat. Sicher ist jedoch, dass die
Digitalisierung einen Kulturwandel in der Arbeitsweise bedeutet und die Grenzen
zwischen den Kulturen auch aufweichen können.

In Kap. 4 haben wir die Gesundheitswirtschaft in ausgewählten Ländern
unter die Lupe genommen: Sie erhalten einen Einblick in die pharmazeutische Industrie, die Entwicklung der Krankenhäuser, die Beschäftigten und die

ganz speziellen Herausforderungen in den USA, den VAE (Vereinigte Arabische Emirate) und China. Die Liste der interessanten Länder ist lang und prinzipiell können wir von allen Ländern lernen. Doch die USA und die VAE sind für viele Beschäftigte ein besonders attraktiver Arbeitsort. Zudem sind diese beiden Länder und deren Gesundheitswirtschaft von Immigration geprägt. Die Gesundheitswirtschaft Chinas rückt immer mehr in das Bewusstsein der hiesigen Gesundheitswirtschaft: So werden chinesische Pflegekräfte angeworben, um dem Fachkräftemangel entgegenzuwirken. Da die kulturellen Unterschiede oft zu Missverständnissen führen, werden in diesem Kapitel die kulturellen Hintergründe in den vorgestellten Ländern ausführlicher dargestellt.

In Kap. 5 gehen wir auf typische interkulturelle Situationen in der Gesundheitswirtschaft ein. Alle Fälle sind real, jedoch haben wir die Namen geändert, denn wir möchten mit diesen Beispielen niemanden bloßstellen. Hintergrundinformationen und Handlungsmöglichkeiten sollen Praktiker dabei unterstützen, in ähnlichen Situationen adäquat reagieren zu können und damit Sicherheit in interkulturellen Situationen zu bekommen.

Das Buch endet mit Kap. 6, in dem sich unser Blick auf Handlungsmöglichkeiten in allen Ebenen der Organisation richtet. Denn Handlungsmöglichkeiten gibt es immer, auch wenn die Lage schwierig und kompliziert ist. Selbst wenn Empathie, Sensibilität und eine gute Dosis an gesundem Menschenverstand vorhanden sind, wird es nicht einfach so „schon klappen"! Der Erwerb interkultureller Kompetenz, sinnvolle und professionell aufbereitete Trainings, interkulturelle Führung und Teamentwicklung sind einige Instrumente für den Weg zum Erfolg. Und last but not least: Das Erkennen und Einsetzen von Vielfalt – also Diversity – in der Organisation, können diesen Weg erleichtern.

Der Erfolg der interkulturellen Kommunikation zwischen den verschiedenen Akteuren hängt also davon ab, ob sie die entsprechende Kompetenz dafür erworben haben oder nicht. Mit diesem Buch sind Sie ein Stück weiter: Nach dem Lesen sind Sie für die interkulturelle Kommunikation sensibilisiert und können den Umgang mit anderen Kulturen als Chance erkennen. Sie sollen Strategien für Ihr Unternehmen, Ihr Team, Ihre Kollegen und Sie selbst entwickeln können. In diesem Buch finden Sie eine breite theoretische Basis mit vielen Erfahrungsberichten, die Sie für Ihre Herausforderungen im Umgang mit anderen Kulturen nutzen können. Was Sie letztendlich umsetzen können, hängt von Ihrem Engagement und Ihrem Handlungsspielraum ab.

Eine angenehme Lektüre wünschen Ihnen

Cornelia Walter MBA
Dr. Zeina Matar

Danksagung

Das Buch ist allen Beschäftigten in der Gesundheitswirtschaft gewidmet, die jeden Tag und jede Nacht die Leiden aller Patienten lindern oder heilen. Wir bedanken uns damit bei all denen, die sich die Zeit nehmen, unterschiedliche Bedürfnisse zu berücksichtigen und alle Patienten – egal aus welchem Kulturkreis sie stammen – ernstnehmen.

Ebenso bedanken wir uns bei all den Akteuren aus der Gesundheitswirtschaft, die uns für Interviews zur Verfügung standen und zahlreiche Beispiele aus dem Arbeitsalltag geliefert haben. Unser Dank gilt auch Margit Schlomski und Merle Kammann vom Springer Verlag sowie Jürgen Schinker für das aufmerksame Korrekturlesen.

Inhaltsverzeichnis

Über die Autoren

Cornelia Walter (MBA) ist interkulturell qua Geburt – als Tochter eines Entwicklungshelfers ist sie in Kathmandu/Nepal geboren. Mehrere Auslandsaufenthalte prägten ihre berufliche Entwicklung: Australien, Großbritannien, Arabische Halbinsel, Kasachstan und Brunei Darussalam. Neugierde auf Neues und fundierte Fachkenntnisse in der Gesundheitswirtschaft bilden den roten Faden ihrer Vita. Sie absolvierte den Master of Business Administration an der University of Southern Queensland und ist nicht nur als Dozentin und Consultant qualifiziert, sondern auch als Wirtschaftsmediatorin, Moderatorin und Führungskräftecoach. Cornelia Walter hat einen Lehrauftrag für Kommunikation an der Apollon Hochschule der Gesundheitswirtschaft und hat bereits mehrere Fachartikel zur Interkulturalität bzw. über Diversity publiziert. Zudem moderiert sie Veränderungsprozesse und entwickelt mit Kliniken Lösungen für die Herausforderungen in der Gesundheitswirtschaft.

Zeina Matar (Ph.D.) war es aufgrund ihrer Herkunft immer wichtig, eine Brücke zwischen Menschen aus verschiedenen Kulturen zu schlagen. Sie wurde in Beirut, Libanon geboren, einer weltoffenen und pulsierenden Stadt, besuchte einen italienischen Kindergarten, dann eine französische Schule und studierte Geschichte, Archäologie und Islamische Kunst an der American University of Beirut. Sie promovierte an der New York University in Orientalistik, lebte und arbeitete im Nahen Osten, in Australien, den USA und in Deutschland. Zeina Matar arbeitet seit 2001 als interkulturelle Beraterin und steht Unternehmen und Einzelpersonen zur Seite, die Geschäftsbeziehungen in arabischen Ländern entwickeln und stärken möchten. Ihre Biografie und berufliche Erfahrung ermöglichen ihr, den Blick über kulturelle Grenzen hinweg zu werfen: So werden Kunden befähigt, Unterschiede zwischen Mentalitäten zu erkennen und zu verstehen. Zeina Matar ist Lehrbeauftragte an der Dualen Hochschule Baden-Württemberg und hat für Diversophy, ein Tool zur Entwicklung interkultureller Kompetenz, die Module „Doing business with Gulf Arabs" und „Doing business with Levantine Arabs" entwickelt. Zusammen mit Cornelia Walter hat sie für die gleiche Serie „Healthcare Germany" veröffentlicht.

Herausforderungen und Chancen der interkulturellen Gesundheitswirtschaft in Deutschland

Fachkräftemangel, Kostendruck und Migrationsbewegungen in einer globalisierten Gesellschaft stellen die Gesundheitswirtschaft vor besondere Herausforderungen. Was diesen Wirtschaftszweig von anderen unterscheidet, ist das „Produkt": die persönliche Erfahrung von Krankheit und Gesundheit, die von der jeweiligen Kultur geprägt ist. Die Endkunden – Patienten, Pflegebedürftige und Angehörige – suchen ein Krankenhaus oder andere Einrichtungen auf, um eine Diagnose zu erhalten und sich behandeln zu lassen. Sie stehen dadurch in einem Abhängigkeitsverhältnis zum Leistungserbringer. Der Arbeitsmarkt ist von einem hohen Fachkräftemangel geprägt. Insbesondere Ärzte und Pflegefachkräfte werden zunehmend im Ausland rekrutiert. Das Aufeinandertreffen unterschiedlicher Kulturen mag in anderen Branchen auch eine Herausforderung darstellen, doch ein kulturell geprägtes Verständnis von Gesundheit und Krankheit und von der Behandlung von Krankheiten sowie unterschiedliche Berufsausbildungen prägen die Zusammenarbeit. Dieses unterschiedliche Verständnis wird auch bei den Bedürfnissen und Anforderungen der Patienten und ihrer Angehörigen an die Leitungserbringer deutlich.

In diesem Kapitel erhalten Sie einen Überblick über die Entwicklung der Gesundheitswirtschaft in den letzten Jahren unter dem besonderen Aspekt der Internationalisierung. Dabei werden Fragen geklärt wie: Welche Unternehmen gehören zur Gesundheitswirtschaft? Worin unterscheiden sich Arbeitsmigranten von Flüchtlingen? Und welche Fachkräfte arbeiten in der Gesundheitswirtschaft in Deutschland? Woher kommen die Fachkräfte genau?

© Springer Fachmedien Wiesbaden GmbH, ein Teil von Springer Nature 2018
C. Walter und Z. Matar, *Interkulturelle Kommunikation in der Gesundheitswirtschaft,* https://doi.org/10.1007/978-3-658-20241-5_1

1.1   Die Gesundheitswirtschaft in Deutschland: Zahlen, Daten, Fakten

Wenn Sie den Begriff der Gesundheitswirtschaft hören, dann denken Sie vermutlich und in erster Linie an Krankenhäuser. Vielleicht denken Sie dann noch an die Pharmaindustrie, die mit hohen Gewinnmargen und Aktien die Meldungen zur Gesundheitswirtschaft in den Medien bestimmt. Oder Sie fragen sich zuerst, wo denn der Unterschied zum Gesundheitswesen liegt.

Der Begriff „Gesundheitswesen" deckt alle Aspekte ab, die mit Gesundheit zu tun haben. Dazu gehören vorwiegend die einzelnen Akteure wie z. B. das Krankenhaus oder eine niedergelassene physiotherapeutische Praxis. Damit sind alle Einrichtungen gemeint, die zum staatlich regulierten sozialen Sicherungssystem gehören (Preusker 2017), die vor allem den Kernbereich der Gesundheitsbranche betreffen, die ambulante und stationäre Gesundheitsversorgung.

Wenn wir uns mit der interkulturellen Kommunikation in der Gesundheitsbranche beschäftigen, dann müssen wir den Blick über das Gesundheitswesen hinaus auf die Gesundheitswirtschaft richten. Denn die Gesundheitswirtschaft bedeutet auch die Herstellung von Gütern und Dienstleistungen, die der Bewahrung und Wiederherstellung von Gesundheit dienen (Goldschmidt und Hilbert 2009). Diesen und weitere Bereiche der Gesundheitswirtschaft sehen Sie in der folgenden Auflistung (Preusker 2017).

1. Kernbereich: ambulante und stationäre Gesundheitsversorgung
   a) Krankenhäuser
   b) stationäre, teilstationäre und ambulante Pflegeeinrichtungen
   c) Arzt- und Zahnarztpraxen
   d) nichtärztliche Praxen wie z. B. Physiotherapie
   e) Apotheken
   f) Vorsorge- und Rehabilitationseinrichtungen
2. Zulieferer
   a) pharmazeutische Industrie
   b) Bio- und Gentechnologie
   c) Medizinprodukte und -technik
   d) Gerontotechnik
   e) orthopädische Produkthersteller und -handel
   f) Gesundheitshandwerk
3. Randbereiche
   a) Forschungseinrichtungen mit Bezug zur Gesundheit
   b) Ausbildungseinrichtungen der Gesundheitswirtschaft

c) gesundheitsbezogene Beratung
d) Gesundheitstourismus, Medizintourismus und Wellness
e) Organisationen und Verbände der Gesundheitswirtschaft
4. Nachbarbranchen
   a) Sport- und Freizeitindustrie
   b) Nahrungsmittelindustrie, insbesondere Nahrungsergänzungsmittel
   c) Catering und Reinigung für die Unternehmen der Gesundheitswirtschaft
   d) Beratung in der Gesundheitswirtschaft
   e) Planung und Bau von Einrichtungen der Gesundheitswirtschaft
5. Arbeitsmarkt
   a) Gesundheitsberufe im engeren Sinne (Ärzte, Pflegekräfte, etc.)
   b) soziale Berufe
   c) sonstige Berufe im Umfeld des Gesundheitsmarktes

Die meisten dieser Bereiche der Gesundheitswirtschaft stehen in einem internationalen und interkulturellen Zusammenhang. Abb. 1.1 zeigt nicht nur den Zusammenhang zwischen den einzelnen Bereichen der Gesundheitswirtschaft, sondern auch, welche Bereiche einen interkulturellen Bezug haben.

Die Gesundheitswirtschaft umfasst damit auch die Zulieferer, die Nachbarbranchen wie Sporteinrichtungen und den Arbeitsmarkt. Betrachten Sie

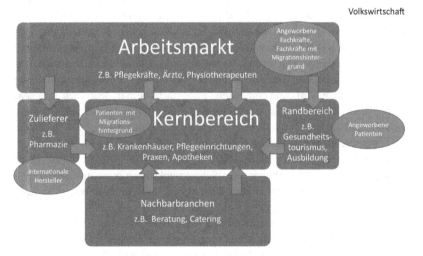

Abb. 1.1 Gesundheitswirtschaft in Bezug auf die Interkulturalität. (Quelle: eigene Darstellung in Anlehnung an Preusker 2017, S. 235 ff. – ohne Ellipsen)

alle Produkte und Dienstleistungen, die Sie mit Gesundheit verbinden, so werden das komplexe Geflecht und der Einfluss von Gesundheit auf die Volkswirtschaft deutlich (Preusker 2017). Ebenso kann die Volkswirtschaft einen Einfluss auf die Gesundheitswirtschaft haben, indem die Migration eine Wirkung auf die Leistungsempfänger und Leistungserbringer in der Gesundheitswirtschaft hat. Die Vernetzung der deutschen Gesundheitswirtschaft mit internationalen Gesundheitsmärkten und der Europäische Binnenmarkt ermöglichen mittlerweile auch eine Verflechtung im Kernbereich der Gesundheitswirtschaft, indem ausländische Patienten vermehrt von Krankenhäusern und Rehaeinrichtungen in Deutschland geworben werden. Auch durch Niederlassungen von Krankenkassen und deutschen Ärzten im Ausland mit einem hohen Anteil an deutschen Auswanderern werden Ausmaß und Vernetzung der deutschen Gesundheitswirtschaft deutlich (Preusker 2017).

Die roten Ellipsen in Abb. 1.1 stellen die Teilbereiche dar, die einen Einfluss auf die interkulturelle Kommunikation haben. Einen kleinen Teilbereich bilden die Gesundheitstouristen. Den größten Einfluss haben die Fachkräfte mit Migrationshintergrund sowie Fachkräfte, die speziell für die Tätigkeit in der Gesundheitswirtschaft aus dem Ausland angeworben wurden. Im Kernbereich der Gesundheitswirtschaft spielen die Patienten mit Migrationshintergrund ebenfalls eine große Rolle in Bezug auf die interkulturelle Kommunikation.

So beeinflussen gesellschaftliche und ökonomische Trends die interkulturelle Kommunikation: Migrationsströme, Fachkräftemangel und ökonomische Gesetzgebungen sind Bereiche der Volkswirtschaft, erreichen die Einrichtungen des Gesundheitswesens und betreffen letztendlich jeden Beschäftigten, jede Führungskraft und jede Person, die die Dienstleistung in Anspruch nimmt und die Produkte erwirbt. Durch den Fachkräftemangel wird die Arbeitsmigration (wie z. B. in China und Spanien) angeregt. Wie in einer Situationsbeschreibung in Kap. 5 deutlich wird, sind chinesische Pflegefachkräfte in deutschen Krankenhäusern kein Einzelfall. Die unterschiedliche Kultur beeinflusst nicht nur die Zusammenarbeit auf der Station, sondern auch die Behandlung der Patienten. Diese gesellschaftlichen Veränderungen führen daher auch zu Maßnahmen der Organisations- und Personalentwicklung, die Sie in Kap. 6 finden. Eine Teamentwicklung mit interkulturellem Schwerpunkt kann präventive Arbeit leisten, eine interkulturelle Mediation ist dann erforderlich, wenn es bereits zu Konflikten kam.

In der Aufzählung der Gesundheitsbereiche von Preusker sind die Sozialversicherungsträger wie Krankenversicherung und Rentenversicherung nicht enthalten. Sie gehören jedoch ebenso zur Gesundheitswirtschaft, da sie in den meisten Fällen die Kosten der Leistungen erbringen. Hier unterscheidet sich die

Gesundheitswirtschaft von anderen Branchen, da die Kosten eher selten von dem Leistungsnehmer übernommen werden. Wie Abb. 1.2 zeigt, wird die Gesundheitswirtschaft zwar auch von Angebot und Nachfrage bestimmt, doch wird diese Linie durch eine dritte Komponente, den Kostenträger, durchbrochen.

Die Gesundheitswirtschaft zählt zum größten und expansivsten Wirtschafts- und Beschäftigungsmarkt aller deutschen Branchen (Goldschmidt und Hilbert 2009). Im internationalen Vergleich gilt die deutsche Gesundheitswirtschaft als leistungsfähig, aber teuer:

Der Anteil der Gesundheitsausgaben am BIP lag in Deutschland im Jahr 2013 bei 11,0 % (Oberender et al. 2017). Deutschland liegt damit 1,5 % über dem Durchschnitt der OECD-Länder. Die Ausgaben sind durchschnittlich um 2,0 % pro Jahr gestiegen, was in Anbetracht der rasch alternden Gesellschaft einen geringen Anstieg bedeutet. Dies hängt vermutlich mit Kostendämpfungsmaßnahmen wie z. B. Prävention und Anstieg der Beitragsbemessungsgrenze zusammen (Busse et al. 2013b). Trotz Anhebung der Beitragssätze und der Beitragsbemessungsgrenze

Abb. 1.2 Angebot und Nachfrage in der Gesundheitswirtschaft. (Quelle: eigene Darstellung in Anlehnung an Ostwald 2009, S. 19)

wird in der Gesundheitswirtschaft jedoch von einer Kostenexplosion gesprochen (Oberender et al. 2017). Daher werden weitere Einnahmequellen wie z. B. die Internationalisierung der Gesundheitswirtschaft, sowohl für die Patienten als auch für die Beschäftigten, diskutiert.

Das deutsche Gesundheitssystem ist für seine Effizienz bekannt, dem Verhältnis von Input zu Output. In der Gesundheitswirtschaft bedeutet dies, dass die Wirkung der Leistungen, wie z. B. das Gesundheitsniveau der Bevölkerung, in Relation zu den Investitionen steht. Je nach Bemessungsgrundlage kann die Effizienz anders definiert werden. Busse et al. sind der Meinung, dass die Relation zum Gesundheitsniveau schlechter ausfällt, wenn die Bettenanzahl und Arztmenge als Input hinzugezogen werden, als wenn die Investitionen wie Krankenkassenbeiträge die Effizienz bestimmen (Busse et al. 2013a). Auch die Interkulturalität der Gesundheitswirtschaft kann zur Effizienz beitragen, indem diese Kompetenz als Input für eine gute Behandlung der Patienten gilt. Der Outcome, in diesem Fall das Gesundheitsniveau der Bevölkerung, kann dadurch gesteigert werden.

Wie Haubrock treffend beschreibt, findet im Moment in der Gesundheitswirtschaft ein Paradigmenwechsel statt, der durch den demografischen und sozioökonomischen Wandel, den technischen Fortschritt und rechtliche sowie gesundheitspolitische Veränderungen (Haubrock 2009) geprägt ist. Momentan deckt die Gesundheitswirtschaft vorwiegend Behandlungsleistungen und Pharmaprodukte ab (Haubrock 2009). Doch durch den Paradigmenwechsel rücken auch die Segmente Aus-, Fort- und Weiterbildung, Managementberatung sowie Gesundheitstourismus stärker in den Vordergrund. So zieht die Gesundheitswirtschaft in Zukunft ihre Wertschöpfung unter anderem daraus, dass der Informationsfluss zwischen Menschen und Organisationen optimiert wird (Haubrock 2009). Zum Informationsfluss gehört auch die interkulturelle Kompetenz, damit zwischen unterschiedlichen Kulturen erfolgreich Informationen ausgetauscht werden können. Interkulturelle Kompetenz ist kein „Nice to Have" mehr, sondern eine Notwendigkeit in einer Gesellschaft im Wandel.

1.2 Migration und die Relevanz für die Gesundheitswirtschaft in Deutschland

Sicher haben Sie sich schon gefragt, wer zur Gruppe der Migranten bzw. Ausländer gehört. Gehören dazu die Türken, die in der dritten Generation in Deutschland leben? Gehören dazu die Geflüchteten, deren Migration unfreiwillig ist? Oder die Siebenbürger Sachsen, die im Mittelalter nach Rumänien übergesiedelt waren, in den

1980er-Jahren wieder zurück nach Deutschland migrierten und die deutsche Staatsbürgerschaft erhielten?

Unser Bild von Migranten wird in der Regel durch Erfahrungen im eigenen Umfeld und durch die Berichterstattung in Medien geprägt. Migration steht dann oft im Zusammenhang mit Abgrenzung und Distanz.

Einen objektiven Zugang zum Thema bietet die Statistik (Haubrock 2009). Dadurch kann die Anzahl der Migranten in Deutschland erkannt werden, der Anteil der Arbeitsmigranten der ersten Generation (auch „Gastarbeiter" genannt) und der Anteil der Kriegsflüchtlinge. Doch wer gehört zur Gruppe der Migranten? Sind Personen mit einem türkischen Namen, aber mit einem deutschen Pass auch Migranten oder Personen mit Migrationshintergrund? Ist die eine der beiden Autorinnen, die deutsche Vorfahren und einen deutschen Pass hat, aber in Nepal geboren wurde, auch eine Migrantin?

Hinter dem Begriff der Migration verbirgt sich zunächst das lateinische Verb „migrare", das auf Deutsch „wandern" bedeutet. So ist eng gesehen jede Person, die wandert, ein Migrant. Wandert bzw. zieht z. B. eine Person von Süd- nach Norddeutschland um, ist sie ein Binnenmigrant.

Juristisch gesehen ist die Abgrenzung einfach: Wer nicht die deutsche Staatsbürgerschaft hat, ist Ausländer bzw. Migrant. Dies bedeutet, nicht die gleichen Rechte und Pflichten wie Personen mit deutschem Pass zu haben (Gieler 2013). Auch Personen mit einem deutschen Pass können Migranten sein.

Nach der aktuellen Definition des Statistischen Bundesamtes hat eine Person „[…] einen Migrationshintergrund, wenn sie selbst oder mindestens ein Elternteil nicht mit deutscher Staatsangehörigkeit geboren wurde. Im Einzelnen umfasst diese Definition zugewanderte und nicht zugewanderte Ausländerinnen und Ausländer, zugewanderte und nicht zugewanderte Eingebürgerte, (Spät-)Aussiedlerinnen und (Spät-)Aussiedler sowie die als Deutsche geborenen Nachkommen dieser Gruppen." (Statistisches Bundesamt 2018)

Eine andere Definition bietet das Partizipations- und Integrationsgesetz (PartIntG), das bisher in einzelnen Bundesländern umgesetzt wurde. Je nach Bundesland wird „Migrationshintergrund" unterschiedlich definiert. In Berlin z. B. zählen zu den Personen mit Migrationshintergrund:

1. „Personen, die nicht Deutsche im Sinne des Artikels 116 Absatz 1 des Grundgesetzes sind,
2. im Ausland geborene und nach 1949 nach Deutschland ein- und zugewanderte Personen und
3. Personen, bei denen mindestens ein Elternteil die Kriterien der Nummer 2 erfüllt" (vgl. § 2 PartIntG Berlin).

In den anderen Bundesländern, die dieses Gesetz bereits umgesetzt haben, ist die Begriffsdefinition von „Migrationshintergrund" ähnlich. Im Gegensatz zur Definition des Statistischen Bundesamtes werden bei der Bestimmung durch das Partizipations- und Integrationsgesetz alle die gezählt, die im Ausland geboren wurden und dann nach Deutschland übergesiedelt sind.

Im Jahr 2016 gab es in Deutschland ca. 18.6 Mio. Personen mit Migrationshintergrund nach der Definition des Statistischen Bundesamtes. Gemessen an der Gesamtbevölkerungszahl von 82.425.000 sind dies 22,5 % (Statistisches Bundesamt 2017a).

Aus der Perspektive der Gesundheitswirtschaft ist es sinnvoll, diese große Gruppe der Personen mit Migrationshintergrund noch einmal aufzuteilen.

Arbeitsmigranten

Zu den Arbeitsmigranten gehören in Deutschland die sogenannten „Gastarbeiter", die in den 50er-Jahren bis 70er-Jahren aus dem Mittelmeerraum angeworben wurden, um den wirtschaftlichen Aufschwung in Deutschland zu unterstützen. Hier wurden gezielt an- und ungelernte Arbeitskräfte angeworben, meist aus den peripheren Gegenden wie z. B. Ostanatolien (Luft 2012).

Ebenfalls zu den Arbeitsmigranten gehören die Zuwanderer, die über die Familienzusammenführung bzw. den Familiennachzug migrieren. Weiter arbeiten sogenannte Saisonarbeiter z. B. zur Weinlese zeitlich begrenzt in Deutschland (Gieler 2013). Dieser letzte Aspekt kann auch organisationsintern erfolgen: So gibt es die sogenannten Expats, Angestellte eines Unternehmens, die zur Erledigung eines bestimmten Arbeitsauftrags von Unternehmen zeitlich begrenzt ins Ausland entsendet werden.

Auch im Inland können Personen aus Arbeitsgründen migrieren: In der deutschen Gesundheitswirtschaft ist ein Abwandern von Ärzten und Pflegekräften von Ost- nach Westdeutschland, insbesondere in Städte, deutlich erkennbar. Für ländliche Gegenden in Ostdeutschland hat dies eine weitere Migration zur Folge, indem Fachkräfte (z. B. aus Polen) angeworben werden. So entsteht eine Kettenreaktion, da nun wiederum in diesen Ländern die Fachkräfte fehlen und die Fachkräfte dann immer weiter östlich gesucht werden (Haubrock 2009).

Die Arbeitsmigration erhält in der Debatte um den Fachkräftemangel eine weitere Bedeutung, da wie in den 70er-Jahren gezielt Fachkräfte angeworben werden, um den Bedarf insbesondere bei Ärzten und Pflegekräften zu decken.

Flüchtlinge

Auch in der Gruppe der Flüchtlinge gibt es noch einmal Unterschiede: So gehören zu den Asylbewerbern die Personen, die in ihrem Heimatland politisch verfolgt werden. Kontingentflüchtlinge sind Flüchtlinge aus Krisenregionen, die im Rahmen humanitärer Aktionen aufgenommen werden. Zu den Konventionsflüchtlingen gehören die Personen, die vor der Abschiebung geschützt sind, weil sie wegen ihrer Herkunft, Religion, politischen Überzeugung oder Zugehörigkeit zu einer bestimmten Gruppe im Heimatland bedroht sind. Dabei werden Einzelentscheidungen getroffen. Kriegs- und Bürgerkriegsflüchtlinge hingegen erhalten nicht individuell einen Aufenthaltsstatus, sondern werden aufgrund der Auswirkungen kriegerischer Auseinandersetzungen aufgenommen (Gieler 2013). Die aktuelle Flüchtlingswelle aus Syrien hatte Auswirkungen auf die Gesundheitswirtschaft, da viele kriegstraumatisierte Patienten die Leistungen in der Psychiatrie in Anspruch nehmen müssen.

Eine weitaus kleinere Gruppe sind die Lifestyle- oder Ruhestandsmigranten, die sich nicht aus Arbeitsgründen, sondern aus Gründen der Lebensumstände im Ausland niederlassen (Gieler 2013). Beispielsweise lassen sich mehr und mehr Deutsche auf Mallorca nieder und nutzen das spanische Gesundheitswesen.

An dieser Unterscheidung wird deutlich, wie heterogen die Gruppe der Migranten ist. Jede Untergruppe hat unterschiedliche Gründe für die Migration: Sei es die Arbeit, die Verfolgung im Heimatland oder die Familie. Die Beweggründe und damit die Biografie der einzelnen Migranten beeinflussen nicht nur das Verhalten der Migranten selbst, sondern werden auch an die Nachkommen weitertradiert. Daher spricht man hier auch von Menschen mit Migrationshintergrund, obwohl die Nachkommen einen deutschen Pass haben und nach der juristischen Definition Deutsche sind. Auch die Gruppe der Deutschen mit Migrationshintergrund ist heterogen. Nicht nur die unterschiedlichen Kulturen der Eltern und Großeltern bestimmen die Ansichten und Verhaltensweisen der Personen mit Migrationshintergrund, sondern auch die Personen selbst entscheiden, welche Verhaltensweisen sie an den Tag legen, welche Traditionen sie fortführen und ob sie die deutsche Staatsbürgerschaft annehmen oder nicht.

1.3 Krankheit und Migration

Wenn Menschen migrieren oder die Eltern migriert sind, hat dies einen Einfluss auf das Präventionsverhalten, die Art der Erkrankung und die Versorgung der Krankheiten.

Studien, die einen Vergleich der Erkrankungen bei Personen mit und ohne Migrationshintergrund zum Thema hatten, kamen zum Ergebnis, dass es bei den körperlichen Erkrankungen keine Unterschiede gibt. Jedoch erleiden Personen mit Migrationshintergrund eher seelische Erkrankungen. Wobei auch hier wieder deutlich werden muss, dass die Gruppe der Personen mit Migrationshintergrund sehr heterogen ist: Beispielsweise erleben Flüchtlinge Traumata, die eine bestimmte Therapie erfordern.

Ein weiterer Unterschied besteht in der Prävention: Personen mit Migrationshintergrund trinken weniger Alkohol, treiben aber weniger Sport und ernähren sich weniger gesund.

Ein klarer Unterschied zu Personen ohne Migrationshintergrund wird auch beim Zugang zu den Gesundheitseinrichtungen deutlich. Personen mit Migrationshintergrund nutzen viel weniger Gesundheitsleistungen als Personen ohne Migrationshintergrund. Deshalb ist es wichtig, den Zugang zu erleichtern. Das Robert-Koch-Institut empfiehlt hierzu den Zugang über die Schule. So gibt es unterschiedliche Präventionskonzepte, die sich z. B. mit Ernährung und Bewegung in Schulen beschäftigen (Robert-Koch-Institut 2015).

Aber auch Akteure der Gesundheitswirtschaft, die im direkten Kontakt mit Migranten stehen, sind hier in einer Aufklärungspflicht hinsichtlich Ernährung und Bewegung, damit der Gesundheitszustand in dieser Bevölkerungsgruppe verbessert wird.

1.4   Gesundheits- und Medizintourismus

Der Gesundheitstourismus umfasst den Gesundheitsurlaub, den Spa- und Wellnesstourismus sowie den Medizintourismus. In diesem Kapitel fokussieren wir uns auf die medizinische Behandlung und die anschließende Rehabilitation bei Patienten mit Migrationshintergrund. Die Gesundheitstouristen unterscheiden sich von den Arbeitsmigranten und Flüchtlingen dadurch, dass die Motivation des Besuchs in einem anderen Land in der Inanspruchnahme von Gesundheitsleistungen liegt.

Die medizinische Leistung kann noch einmal in Import und Export von Leistungen unterteilt werden. Nehmen Patienten aus Deutschland Leistungen im Ausland in Anspruch, wie z. B. Zahnarztleistungen in Ungarn, so erfolgt ein Import von medizinischen Leistungen. Werden ausländische Patienten in Deutschland behandelt, so findet ein Export statt (Kostrzewski 2011). Dieser Begriff ist irreführend, da wir bei Export meist an eine Warenüberführung in ein anderes Land denken. Ein Export kann z. B. stattfinden, wenn Ärzte aus Deutschland in Dubai operieren. Sie exportieren damit eine Leistung, die in Deutschland durch die Qualifizierung entwickelt wurde.

In Tab. 1.1 sehen Sie eine Übersicht über die Medizintouristen in Deutschland. Dabei wird deutlich, dass die Anzahl der Medizintouristen im Krankenhaus

Tab. 1.1 Medizintouristen in Deutschland im Krankenhaus 2015. (Quelle: eigene Darstellung nach einer unveröffentlichten Statistik des Statistischen Bundesamts 2017b)

Gesamtzahl der aus dem Krankenhaus entlassenen vollstationären Patienten	19.758.261
davon haben keinen Erstwohnsitz in Deutschland	104.117
zahlungskräftige Patienten von der arabischen Halbinsel (Saudi-Arabien, Kuwait, Vereinigte Arabische Emirate, Bahrain)	12.086
Polen	9178
Niederlande	8377
Frankreich	7355
Österreich	7188
zahlungskräftige Patienten aus der Russischen Föderation	6661
zahlungskräftige Patienten aus den USA	2974

weniger hoch ist als angenommen. Im Jahr 2015 sind insgesamt 104.117 Patienten aus Krankenhäusern in Deutschland entlassen worden, deren Wohnsitz nicht in Deutschland ist. Gemessen an der Gesamtzahl von 19.758.261 entlassenen Patienten insgesamt ist diese Zahl verschwindend gering. Zu den sogenannten Gesundheitstouristen gehören nicht nur viele Patienten von der arabischen Halbinsel (12.086) und aus der Russischen Föderation (6661), sondern auch Patienten aus den USA (2974). Die Anzahl der Patienten aus den umliegenden Staaten wie Polen, Österreich und Belgien ist genauso hoch wie die der Patienten aus den einzelnen Ländern der arabischen Halbinsel. Der subjektive Eindruck vermittelt jedoch etwas anderes, da die Patientengruppe von der arabischen Halbinsel und aus der Russischen Föderation als zahlungskräftige Klientel gilt und daher eine besondere Aufmerksamkeit erfährt. Auch werden die kulturellen Unterschiede bei Patienten aus dem arabischen Raum eher deutlich, als bei Patienten aus z. B. Österreich.

Die Gründe für Inanspruchnahme der Leistungen sind unterschiedlich: Manche Patienten aus den umliegenden Staaten gehen gezielt zur Behandlung in ein Krankenhaus in Deutschland, weil das Vertrauen in die exzellente Expertise deutscher Ärzte mit Fachweiterbildung sehr hoch ist (Bundesregierung 2013).

Insgesamt vier Qualitätsfaktoren können herauskristallisiert werden: vorhandene Überkapazität, Reputation der deutschen Medizin im Ausland, reichhaltiges Freizeitangebot und hohes Niveau der Medizin in Deutschland (Kostrzewski 2011).

Dabei ist das Freizeitangebot nicht zu unterschätzen: Die Autorinnen hatten schon mehrere Gespräche mit Patienten der arabischen Halbinsel. So bevorzugen

diese oft München als Behandlungsstadt, da sie dort besondere Einkaufsmöglich-
keiten und eine schöne umliegende Landschaft vorfinden. Auch gehen sie davon
aus, dass in einer großen Stadt der Anteil der englischsprachigen Bevölkerung
sehr hoch ist. Patienten aus der Russischen Föderation pflegen vor allem die jahr-
hundertelange Tradition, sich in Bäderstädten wie z. B. Baden-Baden behandeln
zu lassen. Diese sogenannten Pull-Faktoren sind die Gründe, warum internationale Patienten ausgerechnet nach Deutschland reisen. Es gibt aber auch
Push-Faktoren, die das Heimatland der internationalen Patienten betreffen: Die
Patienten aus dem osteuropäischen Raum kämpfen in ihren Heimatländern mit
maroden Strukturen des Gesundheitswesens und Patienten aus den arabischen
Ländern finden in ihren Heimatländern nur wenig Einrichtungen der Maximalversorgung vor. Zudem bezahlen einige Regierungen der Golfstaaten die
Behandlung im Ausland (Kostrzewski 2011).

Vier Fünftel der Medizintouristen im Krankenhaus werden jedoch nicht
geplant behandelt. Sie befinden sich als Touristen in Deutschland und erleiden
Notfälle, die eine Krankenhauseinweisung erforderlich machen (Afentakis und
Maier 2012).

Unabhängig vom Grund für die Behandlung in Deutschland ist der Anteil
der Patienten mit ausländischem Wohnsitz in den letzten Jahren gestiegen.
So gehörten im Jahr 2010 noch 0,42 % aller entlassenen Patienten zur Gruppe
der Medizintouristen, während es im Jahr 2015 bereits 0,53 % waren
(Statistisches Bundesamt 2017b).

Die Finanzierung dieser Medizintouristen kann in zwei Märkte aufgeteilt
werden: Die Leistungen des ersten Marktes werden durch die Sozialversicherung
erstattet, die des zweiten Marktes durch die Selbstzahler. Die Patienten des ersten
Marktes stammen vorwiegend aus dem Europäischen Wirtschaftsraum, Patienten
des zweiten Marktes stammen vor allem aus Osteuropa und aus dem arabischen
Raum (Kostrzewski 2011).

Durch dieses Kapitel wird deutlich, welchen Stellenwert der Medizintourismus in der Wahrnehmung hat und wie gering die Anzahl der Patienten ist, deren
Wohnsitz nicht in Deutschland ist. Dies bedeutet jedoch nicht, dass die Medizintouristen nicht beachtet werden sollen. Im Gegensatz zu den in Deutschland
lebenden Personen mit Migrationshintergrund stellen sie allerdings nur einen
geringen Anteil dar.

Gesundheitstourismus ist weder auf Deutschland begrenzt, noch ist er ein
aktuelles Phänomen: Gesundheitstourismus, also Grenzen auf der Suche nach
besserer Gesundheit zu überschreiten, hat eine lange Tradition. In den antiken
Zivilisationen erkannten die Menschen die therapeutische Wirkung von minera-
lischen Thermalquellen und heiligen Tempelbädern und errichteten Erholungsorte

für diejenigen, die bereit waren, die medizinischen Vorteile zu nutzen. Der Kern des heutigen Gesundheitstourismus bleibt derselbe: Der Wunsch nach alternativen Lösungen bedeutet auch, Grenzen zu überschreiten.

Josef Woodman, der Leiter von „Patients Beyond Borders", einer US-Organisation, die Verbrauchern Informationen über Gesundheitsreisen anbietet, schätzt, dass die Zahl der Gesundheitstouristen zwischen 25 und 30 % pro Jahr wächst. Der höchste Anteil der neuen Touristen stammt aus Nord-, Südost- und Südasien.

„Vor rund zehn Jahren gab es weltweit rund zwei Millionen medizinische Reisende. Jetzt sind es über 12 Millionen", sagt er. „Von Thailands Bumrungrad International Hospital über Eric Claptons Crossroads Center in Antigua bis hin zum medizinischen Zentrum von Johns Hopkins Singapore haben Gesundheitsreisende jetzt Zugang zu einer ganzen Reihe der weltweit sichersten und besten Wahlmöglichkeiten im Gesundheitswesen und bei Ärzten" (Übersetzung durch die Autorinnen).

Im Gesundheitstourismus liegt die Zukunft: „Die Menschen üben ihr Wahlrecht aus", sagt Ahmed Faiyaz, Leiter des Geschäftsbereichs Healthcare Transaction bei Ernst & Young in Dubai. „Sie wählen die medizinische Versorgung unter den besten Bedingungen, die sie verdienen. Grenzen brechen zusammen, Flugreisen sind erschwinglicher geworden und sie können ihr Geld ins Ausland bringen und ausgeben. Das war vor 30 oder 40 Jahren nicht der Fall."

1.5 Die Vielfalt der Beschäftigten in der Gesundheitswirtschaft

Nicht nur die Leistungsempfänger der Gesundheitswirtschaft sind vielfältig. Auch die Leistungserbringer, also die Beschäftigten, weisen eine hohe Vielfalt auf. Insbesondere im Kernbereich der Gesundheitswirtschaft, der ambulanten und stationären Versorgung, wird dies deutlich. In Tab. 1.2 sehen Sie eine Auflistung von Beschäftigten in Krankenhäusern, bei niedergelassenen Ärzten und Zahnärzten, in Pflegeheimen, stationären Einrichtungen zur psychosozialen Betreuung und Alten- und Behindertenheimen.

Von insgesamt 40.279.000 Erwerbstätigen in Deutschland sind 4.191.000 im Gesundheitswesen tätig. Die größte Gruppe bilden die 1.514.000 Krankenhausbeschäftigten. Wie in Tab. 1.2 deutlich wird, liegt der Anteil der Beschäftigten mit Migrationshintergrund unter dem Durchschnitt aller Erwerbstätigen. Nur in den Alten- und Behindertenheimen liegt der Anteil bei über 20 %.

Tab. 1.2 Erwerbstätige mit Migrationshintergrund im Kernbereich der Gesundheitswirtschaft. (Quelle: eigene Darstellung in Anlehnung an Daten des Statistischen Bundesamtes 2017a)

	Beschäftigte in 1000	Personal mit Migrationshintergrund in 1000	Anteil in %
Insgesamt in Deutschland	40.279	7724	19,18
Gesundheitswesen	4191	721	17,20
Krankenhäuser	1514	265	17,50
Arzt- und Zahnarztpraxen	898	160	17,82
Pflegeheime	408	74	18,14
Alten- und Behindertenwohnheime	783	163	20,82

Der Anteil der Erwerbstätigen mit Migrationshintergrund sagt noch nichts über die Vielfalt in der Belegschaft aus. Die Bundesärztekammer veröffentlicht regelmäßig eine Statistik über die Herkunftsländer der Ärzte. Im Jahr 2016 ist die Anzahl der berufstätigen ausländischen Ärzte um 10,0 % gestiegen. Bei insgesamt 46.721 ausländischen Ärzten hat nun jeder zehnte Arzt in Deutschland eine ausländische Staatsbürgerschaft. Darunter sind vorwiegend Ärzte aus Rumänien (4285), Griechenland (3118) und Syrien (2895), gefolgt von Österreich (2600) (Bundesärztekammer 2017).

Der Mikrozensus von 2010 ermöglichte einen guten Überblick über die Anzahl und Herkunft von Migranten in den Pflegeberufen. Wie hoch der Unterschied zwischen den Pflegekräften mit Migrationshintergrund in der Altenpflege und der Gesundheits- und Krankenpflegekräfte ist, zeigt Tab. 1.3. Insgesamt haben 15,4 % der Pflegekräfte eine eigene Migrationserfahrung. In der Gesundheits- und Krankenpflege sind es 12,6 %, weniger als in der Altenpflege mit einem Anteil von 19,5 % der Pflegekräfte. Eigene Migrationserfahrung bedeutet, dass nicht die

Tab. 1.3 Anteil der Pflegekräfte mit eigener Migrationserfahrung und Arbeitsmigranten in der Pflege. (Quelle: eigene Darstellung in Anlehnung an Afentakis und Maier 2012)

	Altenpflege (%)	Gesundheits- und Krankenpflege (%)
Pflegekräfte mit eigener Migrationserfahrung	19,5	12,6
Arbeitsmigranten	9	6,1

Eltern, sondern die Personen selbst nach Deutschland eingewandert sind. Arbeits-migranten, also die Personen, die wegen der Arbeit immigriert sind, stellen einen noch geringeren Anteil dar. So liegt der Anteil der Arbeitsmigranten in der Alten-pflege bei 9 %, in der Gesundheits- und Krankenpflege bei 6,1 %.

Die Arbeitsmigranten mit einem im Ausland erworbenen Abschluss stammen hauptsächlich aus den osteuropäischen EU-Staaten (27,3 %) und der ehemaligen Sowjetunion (31,9 %). Jedoch verbleiben gerade die Arbeitsmigranten aus der ehemaligen Sowjetunion eher nicht lange im Land.

Die Datenerhebung aus 2010 zeigt, dass durch die Anwerbung von Pflege-kräften aus dem Ausland dem Fachkräftemangel nicht entgegengewirkt werden konnte. Dabei wurde auch deutlich, dass die Pflegekräfte aus dem Ausland in Deutschland nicht den Pflegeberuf ausübten (Afentakis und Maier 2012).

Um mehr Pflegekräfte und Ärzte anzuwerben und diese auch zum Bleiben zu motivieren, gab es bislang mehrere Versuche:

- Auf der Website www.make-it-in-germany.com wurden gezielt international Fachkräfte in Mangelberufen angesprochen, mit dem Ziel, wichtige Informa-tionen zur Migration und zu Berufsaussichten in Deutschland zu vermitteln.
- In unterschiedlichen Kampagnen der Bundesregierung, der Arbeitsagentur und der Zentralen Auslandvermittlung (ZAV) wurden Fachkräfte der Gesund-heitswirtschaft sowohl in der EU als auch außerhalb der EU angeworben (Kovacheva und Grewe 2015).
- Außerhalb der EU wurde ein Pilotprogramm mit China und Vietnam ins Leben gerufen, in dem 150 Chinesen und 100 Vietnamesen für die Altenpflege rekrutiert wurden. Damit soll nicht nur die Versorgung der Pflegebedürftigen in Deutschland gewährleistet werden, sondern die Pflegekräfte sollen auch Erfahrungen sammeln, die sie nach ihrer Rückkehr in ihrem Heimatland anwenden können (Bundesregierung 2013).

Inwieweit die Kampagnen nicht nur die Arbeitsmigration in der Gesundheitswirt-schaft unterstützen, sondern auch Pflegekräften und Ärzten das Bleiben erleichtern, zeigt sich in den nächsten Jahren. Oft haben die Autorinnen Arbeitsmigranten in der Pflege erlebt, die aus Heimweh wieder in ihr Heimatland zurückgekehrt sind. Daher ist eine Willkommenskultur, wie sie in Kap. 6 vorgestellt wird, eine sinn-volle Investition.

1.6   Interkulturelle Öffnung in der Gesundheitswirtschaft

Generell stellt sich die Frage, ob sich die interkulturelle Öffnung von Einrichtungen in der Gesundheitswirtschaft lohnt.

Rein ökonomisch gesehen ist eine Kosten-Nutzen-Analyse schwierig. Höhere Erlöse und Einnahmen sowie Kostensenkungen lassen sich nicht auf eine interkulturelle Öffnung zurückführen. Eher die weichen Faktoren wie Qualitätsmanagement und Patientenzufriedenheit können bei einer interkulturellen Öffnung verbessert werden. Zum Qualitätsmanagement gehört auch die Anpassung der Struktur an die Patientenbedürfnisse. Das bedeutet, dass die Sprachprobleme und die kulturellen Bedürfnisse zu Verzögerungen im klinischen Ablauf führen und z. T. unnötige Untersuchungen durchgeführt werden, weil die Anamnese wegen Sprachproblemen und aufgrund von unterschiedlichen Bedürfnissen nicht ausführlich und gründlich durchgeführt werden kann. Das hat einen Einfluss auf die Patientenzufriedenheit, die dann gewährleistet ist, wenn auf individuelle Bedürfnisse eingegangen wird (Bundesregierung 2013). In der Praxis bedeutet dies, dass Dolmetscherdienste, interkulturelle Trainings und sogar eine Diversity-Strategie umgesetzt werden. Welche Möglichkeiten es hier gibt, erfahren Sie in Kap. 6.

Wie unsere Interviews mit Beschäftigten in der Gesundheitswirtschaft zeigen, ist vor allem in den Ballungszentren eine interkulturelle Öffnung normal. Die hohe Anzahl der Migranten sowohl als Leistungsnehmer als auch als Leistungserbringer zeigt, dass unterschiedliche Ansichten von „Gesundheit" und bestimmte Rituale im Genesungsprozess eine Sensibilisierung des Personals erfordern. So ist eine gute Zusammenarbeit gewährleistet und der Patient erfährt die bestmögliche Behandlung.

Beispiel

M. Reinhardt, Personalentwickler im Klinikum Weissenhof, schreibt: „Wir bieten Deutschkurse an, die sogar für manche international Beschäftigte verpflichtend sind. Fremdsprachige Ärzte erhalten bei uns Unterstützung bei Behördengängen und bei der Wohnungssuche. Weiter bieten wir regelmäßige Trainings zu den Themen „Interkulturelle Kommunikation" und „Kulturspezifische Pflege" an."

Zusammenfassung

Bereits in diesem Kapitel wird die Unterscheidung zwischen Kultur und Nationalität deutlich. Ein deutscher Pass einer Person mit einem Migrationshintergrund bedeutet noch lange nicht, dass die Person nach deutschen Werten lebt, denkt und fühlt. Spätestens hier müssen Sie sich fragen, was „deutsche Werte" überhaupt sind. Die politische Diskussion um die „deutsche Leitkultur" wirft dieses Thema immer wieder auf. In Kap. 2 erhalten Sie hierzu ausführliche Informationen.

Schenk et al. haben Indikatoren zur Erfassung des Migrationsstatus von Patienten entworfen. Dabei werden unter anderem das Geburtsland der Eltern, die bisherige Aufenthaltsdauer in Deutschland, die Muttersprache und die Deutschkenntnisse abgefragt (Schenk et al. 2006). Auch wenn wir zur Behandlung von Menschen Orientierung benötigen, so ist die Gefahr des Schubladendenkens und der Stereotypisierung groß.

Beispielsweise werden Klagen von Patienten aus dem türkischen Kulturkreis gerne mit „Morbus Bosporus" abgetan. Was ist, wenn der Patient so große Schmerzen hat, dass eine Ursachenforschung und/oder Schmerzbehandlung unerlässlich ist? Erhält er weniger Aufmerksamkeit, weil „eben alle Türken so schnell jammern"?

Jeder Mensch hat unterschiedliche Werte verinnerlicht, die zum Teil aus der Kultur der Eltern und des Herkunftslandes entstehen. Die Werte entwickeln sich während der Sozialisation – nicht nur in der Familie, sondern auch im Freundeskreis und in den Bildungsinstituten wie der Schule. Auch der Bildungsstand spielt eine nicht unerhebliche Rolle bei der Ausbildung unterschiedlicher Werte. So findet z. B. eine Dozentin eher eine gemeinsame Ebene mit einer Dozentin aus Venezuela als mit ihrer Nachbarin, die zwar in der gleichen Stadt aufgewachsen ist, aber einen anderen Schulabschluss und eine Ausbildung absolviert hat. Daran wird deutlich, dass es auch innerhalb der Kulturen Unterschiede gibt. Ein zu frühes Einordnen eines Patienten oder eines Kollegen in eine bestimmte Schublade führt zwar zunächst zur Erleichterung, doch damit sinkt die Chance, ihren individuellen Bedürfnissen gemäß behandelt zu werden.

Die interkulturelle Kommunikation in der Gesundheitswirtschaft hat damit eine besondere Aufgabe: Auf der einen Seite sind die Einrichtungen einem ökonomischen Druck ausgesetzt, auf der anderen Seite müssen sich Beschäftigte aufgrund von verstärkten Migrationsströmungen auf unterschiedliche Menschen einstellen. Die interkulturelle Kommunikation erfordert daher ein hohes Maß an Sensibilität und Offenheit bei allen Akteuren.

Fragen
1. Die interkulturelle Kommunikation gehört zum täglichen Leben. Doch warum unterscheidet sie sich in der Gesundheitswirtschaft von anderen Branchen?
2. Welche Unternehmen und Einrichtungen der Gesundheitswirtschaft haben einen interkulturellen Bezug?
3. Kennen Sie Patienten, deren Erstwohnsitz nicht in Deutschland ist und die für eine Behandlung nach Deutschland gereist sind? Wie gut wurden Sie auf die Patienten kulturell vorbereitet?
4. Aus welchen Kulturkreisen stammen Ihre Kollegen und Kolleginnen?

Literatur

Afentakis, A., & Maier, T. (2012). *Sind Pflegekräfte aus dem Ausland ein Lösungsansatz, um den wachsenden Pflegebedarf decken zu können? Analysen zur Arbeitsmigration in Pflegeberufen im Jahr 2010. In Bundesgesundheitsblatt – Gesundheitsforschung – Gesundheitsschutz 8* (S. 1072–1080). Berlin: Springer.
Bundesärztekammer. (2017). Ärztestatistik. http://www.bundesaerztekammer.de/ueber-uns/ aerztestatistik/aerztestatistik-2016/auslaendische-aerztinnen-und-aerzte/. Zugegriffen: 20. Jan. 2018.
Bundesregierung. (2013). *Abwerbung von Fachkräften aus den Ländern des Südens im Pflege- und Gesundheitsbereich.* Deutscher Bundestag Drucksache 17/14716 17, Wahlperiode, Berlin.
Busse, R., Blümel, M., & Ognyanova, D. (2013a). *Das deutsche Gesundheitssystem.* Berlin: Medizinisch Wissenschaftliche Verlagsgesellschaft.
Busse, R., Schreyögg, J., & Stargardt, T. (2013b). *Management im Gesundheitswesen* (3. Aufl.). Berlin: Springer.
Gieler, W. (2013). Fremde Nähe – Migrationspolitik und der Umgang mit Fremden. In W. Gieler (Hrsg.), *Handbuch europäischer Migrationspolitiken. Die EU-Länder* (2. Aktualisierte und erweiterte Aufl.). Berlin: LIT.
Goldschmidt, A. J. W., & Hilbert, J. (2009). *Gesundheitswirtschaft in Deutschland.* Wegscheid: Wikom.
Haubrock, M. (2009). *Betriebswirtschaft und Management in der Gesundheitswirtschaft* (5., vollst. überarb. u. erw. Aufl.). Bern: Huber.
Kostrzewski, A. (2011). *Internationalisierung im deutschen Gesundheitswesen.* Frankfurt a. M.: Lang.
Kovacheva, V., & Grewe, M. (2015). *Migrant Workers in the German Healthcare Sector. Hamburg Institute of International Economics, HWWI.* http://workint.fieri.it/ wp-content/uploads/2014/09/National-Research-Report-Germany_EDITED-1.pdf. Zugegriffen: 20. Jan. 2018.

Luft, S. (2012). Einwanderer mit besonderen Integrationsproblemen: Daten, Fakten und Perspektiven. In M. Matzner (Hrsg.), *Handbuch Migration und Bildung* (S. 38–56). Beltz: Weinheim und Basel.

Oberender, P., Zerth, J., & Engelmann, A. (2017). *Wachstumsmarkt Gesundheit* (4. Komplett überarbeitete Aufl.). Konstanz: UVK.

Ostwald, D. A. (2009). *Wachstums- und Beschäftigungseffekte der Gesundheitswirtschaft in Deutschland.* Berlin: Medizinisch wissenschaftliche Verlagsgesellschaft.

Preusker, U.K. (Hrsg.) (2017). *Lexikon des deutschen Gesundheitssystems* (5., neu bearbeitete und erweiterte Aufl.). Heidelberg: medhochzwei.

Robert-Koch-Institut. (2015). Gesundheit in Deutschland. http://edoc.rki.de/documents/rki_fv/refNzCggQ8fNw/PDF/29PIbXnI56Jfc.pdf. Zugegriffen: 21. Jan. 2018.

Schenk, L., Bau, A.-M., Borde, T. Butler, J., Lampert, T., Neuhauser, H., Razum, O., & Weilandt, C. (2006). Mindestindikatoren zur Erfassung des Migrationsstatus. Empfehlungen für die epidemiologische Praxis. *Bundesgesundheitsblatt – Gesundheitsforschung – Gesundheitsschutz, 22*(254), 853–860.

Statistisches Bundesamt (2017a). Bevölkerung und Erwerbstätigkeit. Bevölkerung mit Migrationshintergrund. – Ergebnisse des Mikrozensus 2016. https://www.destatis.de/DE/Publikationen/Thematisch/Bevoelkerung/MigrationIntegration/Migrationshintergrund2010220167004.pdf?__blob=publicationFile. Zugegriffen: 20. Jan. 2018.

Statistisches Bundesamt. (2017b). Aus dem Krankenhaus entlassene vollstationäre Patienten nach dem Wohnort der Patientinnen und Patienten 2015. Statistik auf Bestellung.

Statistisches Bundesamt. (2018). Migrationshintergrund. https://www.destatis.de/DE/ZahlenFakten/GesellschaftStaat/Bevoelkerung/MigrationIntegration/Glossar/Migrationshintergrund.html. Zugegriffen: 20. Jan. 2018.

Kultur und Kommunikation

2

Die Gesellschaft ist sehr vielfältig geworden, besonders in den Großstädten Deutschlands. Dieser Trend wird nicht nachlassen, im Gegenteil. Das bedeutet aber, dass damit das Potenzial für die Entstehung von Missverständnissen und Konflikten in der Kommunikation erheblich steigen kann, auch wenn sicher nicht alle Konflikte und Missverständnisse auf Kultur zurückzuführen sind. Die Einrichtungen in der Gesundheitswirtschaft sind ein Abbild der gesellschaftlichen Entwicklung. In der Gesundheitswirtschaft findet die Arbeit von Ärzten, Pflegepersonal, Therapeuten, Medizintechnikern sowie vielen anderen zunehmend in diversen Teams statt. Dabei spielt Kultur eine nicht zu unterschätzende Rolle, denn Beschäftigte und auch Patienten kommen zunehmend aus verschiedenen Kulturkreisen. Um gut funktionierende, effektive Teams zu bilden und auch wertschätzend arbeiten zu können, müssen alle Akteure eine gemeinsame Sprache verstehen. Das ist die Basis der interkulturellen Kommunikation. Die Fragestellung in diesem Kapitel lautet: Wie geht man mit diesen kulturellen Unterschieden angemessen um?

2.1 Kultur und interkulturelle Kommunikation

Kultur hat schon immer fasziniert, und das ist auch heute nicht anders. Es werden fleißig Studien, Dissertationen und Arbeiten geschrieben, Modelle entwickelt, Interpretationen gesucht und angeboten. Mehr als 300 Definitionen existieren für das Wort „Kultur", und mehr als 30 Kulturmodelle. Zweifellos ist Kultur ein spannendes, aber auch ein komplexes, vielschichtiges Thema. Es herrscht kein einheitliches oder klares Bild.

© Springer Fachmedien Wiesbaden GmbH, ein Teil von Springer Nature 2018
C. Walter und Z. Matar, *Interkulturelle Kommunikation in der Gesundheitswirtschaft,* https://doi.org/10.1007/978-3-658-20241-5_2

Würden wir unterschiedliche Personen nach ihrem Kulturbegriff fragen, so bekämen wir vermutlich unterschiedliche Beschreibungen. Die einen würden Kultur mit Hochkultur, sprich Theater und Oper, die anderen mit dem Gegenteil von „Natur" verbinden. So sieht es auch der Germanist und Experte für interkulturelle Kommunikation Jürgen Bolten – es gibt keinen allgemein gültigen Kulturbegriff (Bolten 2007).

Der Begriff „Kultur" wird von vielen Wissenschaftlern und Autoren unterschiedlich interpretiert. Der emeritierte Professor für Sozialpsychologie und Organisationspsychologie Alexander Thomas hat eine Reihe von Schriften zu diesem Thema publiziert. Thomas betrachtet „Kultur als ein Orientierungssystem für Mitglieder einer Gesellschaft. Durch dieses System wird für alle Mitglieder ihre Zugehörigkeit zur Gesellschaft definiert … Es beeinflusst das Wahrnehmen, Denken, Urteilen, die Motive und Emotionen sowie das Handeln derjenigen Personen, die in der jeweiligen Gesellschaft sozialisiert wurden und sich ihr zugehörig fühlen" (Thomas 1996).

Für G. Maletzke steht die Frage nach der eigenen Kultur im Mittelpunkt. Dies führt zu einer Einstellung der Menschen, die als „Ethnozentrismus" bekannt ist. Das Ergebnis interkultureller Situationen hat sehr oft mit dieser Einstellung zu tun. Ethnozentrismus bedeutet, dass wir uns selbst als den Mittelpunkt sehen und alle anderen anhand unserer eigenen Normen, Annahmen und Sitten betrachten. Diejenigen, die uns ähnlich sind, stehen uns ganz nahe, die anderen stehen viel weiter weg, da sie sich von uns viel mehr unterscheiden (Maletzke 1996). Unsere Kultur und unsere Realität sind dann „selbstverständlich", „normal", ja, sogar „überlegen".

Kulturen beinhalten auch sogenannten „Subkulturen". Das sind kleinere Gruppen innerhalb einer Kultur, die gemeinsame Charakteristika teilen. G.A. Galanti gibt ein Beispiel zum Ritual „Händewaschen" bei Pflegekräften. Ein branchenfremder Beobachter versteht so ein Ritual nicht unbedingt: „Nach dem Toilettengang ging eine Pflegekraft Händewaschen. Sie schrubbte heftig ihre Hände und Arme, ließ das Wasser laufen, während sie ein Papiertuch holte, um ihre Hände zu trocknen, und drehte dann die Wasserhähne mit den Ellenbogen zu". Galanti, die außenstehende Beobachterin, betrachtet das Verhalten als übertrieben. Für Beschäftigte im Krankenhaus ist es ein ganz normales Ritual, ein Teil der Pflege-Subkultur (Galanti 2008). Mehr Informationen zu Subkulturen erhalten Sie in Kap. 3.

Beispiel

In einem Krankenhaus in Süddeutschland ordnete der Geschäftsführer an, dass alle Beschäftigen jede Person im Krankenhaus grüßen, seien es Kollegen, Patienten, Angehörige oder sonstige Besucher. Insofern hat der Geschäftsführer ein Ritual angeordnet, das mit der Zeit zur Selbstverständlichkeit wurde. In einem anderen Krankenhaus wurde die Anordnung nicht zur Selbstverständlichkeit. Das lag daran, dass die Organisationskultur im zweiten Krankenhaus nicht zur „Grüßkultur" passte.

Wenn wir über Kultur reden, müssen wir uns auch mit Stereotypen, Klischees, Vorurteilen und Verallgemeinerungen befassen.

Stereotypisierung findet dann statt, wenn eine bestimmte Meinung zu einer bestimmten Personengruppe vorliegt. Wird nun diese Meinung auf eine bestimmte Person übertragen bzw. geht man automatisch davon aus, dass die Person, weil sie zu dieser Personengruppe gehört, sich ebenso verhält wie die meisten Personen aus dieser Gruppe, dann ist das eine Verallgemeinerung (Galanti 2008).

Beispiel
Von Iranern wird angenommen, dass sie immer große Familien haben (Stereotyp). Der Arzt aus Deutschland fragt die iranische Patientin, wann denn die Geschwister kommen, um sie etwas aufzuheitern, da er davon ausgeht, dass jede Iranerin Geschwister hat. So verallgemeinert er das Stereotyp, bis er erfährt, dass Shirin Einzelkind ist und in Deutschland studiert.

In einem anderen Beispiel beschreibt Frau Galanti, wie ein Stereotyp zu einem Desaster führen kann, und stellt das Beispiel von Lily Khalid vor, einer Frau mittleren Alters aus dem Nahen Osten. Lily Khalid musste an der Galle operiert werden. Die Krankenschwester Sandy aus Mexiko hatte sich vor der OP um sie gekümmert. Sandy konnte nicht verstehen, dass Lily Khalid nicht aufhörte zu jammern und nach Schmerzmitteln zu fragen. Die ganze Nacht war Sandy bei dieser Patientin und dachte: „So sind Menschen aus dem Nahen Osten. Sie kennen bei Schmerzen keine Hemmung und äußern sich lautstark darüber. Gut, dass die Gallensteine bei der Patientin bald weg sind und sie nach Hause gehen kann." Einige Tage später erfuhr Sandy, dass Lily Khalid bei der OP gestorben war: Sie hatte keine Gallensteine, sondern überall Metastasen. Für die Krankenschwester war es eine traurige Lektion, die zeigte, wie gefährlich Stereotypisierung sein kann (Galanti 2008).

Dieses Beispiel aus den USA kann auch auf Deutschland übertragen werden: Häufig werden Schmerzäußerungen von Patienten aus Italien oder aus der Türkei mit dem sogenannten „Morbus Bosporus" abgetan.

Mit Stereotypen stecken wir Menschen, die aus einem Land oder einer bestimmten Kultur stammen, in bestimmte Schubladen und vergessen dabei, dass jeder Mensch zu mehr als einer Kultur gehört. Alter, Gender, Religion sind nur einige dieser Kulturen, dazu kommt die Tatsache, dass jedes Individuum ganz einzigartige Charakteristika hat, die nur zu ihm gehören.

Vorurteile gehen noch ein Schritt weiter: Während das Stereotyp „Alle Deutschen sind ordnungsliebend" noch positiv klingt, ist das Vorurteil „Alle Deutschen sind ordnungsbesessen" weniger schmeichelhaft.

Das bedeutet, dass wir mehr Informationen über die Menschen benötigen, mit denen wir zu tun haben, um sie zu verstehen und adäquat handeln zu können. Wir dürfen nie vergessen, dass wir es an erster Stelle mit Individuen zu tun haben und dass Generalisierungen nur anfangs dabei helfen, eine bestimmte Situation besser zu verstehen (Rose-Neiger 2000).

Beispiel

Dr. Rasha Sawaya ist in London geboren, im Libanon und in Frankreich aufgewachsen, studierte im Libanon und in den USA. Sie hat in den USA zwischen Juli 2005 und August 2016 als Ärztin in der Kinderheilkunde gearbeitet. Jetzt arbeitet sie an der American University of Beirut Medical Center als Assistant Professor für Kinderheilkunde. Über ihre Erfahrungen als Ärztin in den USA schreibt sie: „Meine Interaktionen im Laufe der Jahre waren alles in allem gut. Ich unterschied mich offensichtlich von den anderen, angefangen bei meinem Akzent bis hin zu meinem Lebenskonzept. Ich habe gelernt, an den Herausforderungen zu wachsen, anstatt mich daran zu stören. Und ich denke, dass im Endeffekt mein Anderssein – und dass ich aus dem Libanon stamme – mir die Positionen gebracht hat, die ich haben wollte, als meine Vorgesetzten in mir jemanden sahen, der später dazu beitragen könnte, unsere Spezialisierung in anderen Teilen der Welt weiterzuentwickeln, in die sie selbst nicht gehen würden. Ein paar Mal hörte ich jedoch den Kommentar „Es liegt an deiner Kultur!", wenn meine Reaktion auf etwas nach Ansicht des Kollegen „nicht innerhalb der Norm" lag. Ich habe ihnen nie gesagt, dass das nicht an meiner „Kultur" liegt, sondern an meinem Charakter. Oder vielleicht ein bisschen von beiden. Und noch einmal, ich betone, dies ist ein Kommentar, den ich zu hören bekam, wenn ich nicht in die Box passte, in der sie mich haben wollten."

Das Beispiel von Dr. Sawaya beschreibt eine interkulturelle Situation, in der mindestens zwei Personen aus verschiedenen Kulturen kommunizieren.

Diese Personen sind – egal aus welchen Kulturkreisen – vor allem erst einmal Individuen. Kann man denn Angehöriger einer Kultur und zugleich Individuum sein? Die Antwort darauf ist Ja, und es bedeutet, dass unser Denken, Fühlen und Handeln sowohl individuell als auch „typisch", also kultur-typisch oder familientypisch sein können.

Jeder Mensch wird durch die Kultur, in der er aufwächst, entscheidend geprägt. Allerdings, im normalen Alltag weiß er davon nichts. Die kulturspezifischen Eigenarten sind für ihn Selbstverständlichkeiten, und da für die Menschen seiner Umgebung die gleichen Selbstverständlichkeiten gelten, gibt es keinen Anlass, darüber nachzudenken. Begegnet man jedoch Menschen anderer Kulturen, so stellt man fest, dass es auch andere Arten und Formen des Erlebens, Denkens und Verhaltens gibt, Formen, die sich mit den gewohnten, eingefahrenen Schemata nicht vereinbaren lassen (Maletzke 1996).

Wo wird Kultur im Alltag sichtbar? Meistens wird Kultur in der Sprache deutlich: bestimmte Sprachregelungen im Unternehmen, ungeschriebene Regeln bei der Begrüßung oder das Lachen im Team über Dinge, die für Außenseiter völlig unverständlich sind.

Doch Kultur beeinflusst auch die Gründe für das Verhalten der Menschen, d. h. die tief liegenden Einstellungen und Werte. So beschreibt Kultur Grundüberzeugungen und die Art, wie sich die meisten Menschen die meiste Zeit verhalten, aber nicht, wie alle Menschen sich immer verhalten.

Daher ist es wichtig, Menschen für mögliche Quellen von Missverständnissen zu sensibilisieren, die auf interkulturelle Unterschiede zurückzuführen sind. Die interkulturelle Kommunikation ist nur dann erfolgreich, wenn die Fähigkeit, Unterschiede zu erkennen, genauso vorhanden ist wie die Bereitschaft, diese Unterschiede wahrzunehmen.

Im Kontext der interkulturellen Kommunikation steht der Begriff der Kultur in einem anthropologischen Zusammenhang. Als anthropologischer Kulturbegriff bildet Kultur Denk-, Wahrnehmungs- und Handlungsmuster einer Gesellschaft ab und wird auch so verstanden (Lüsebrink 2016). Thomas definiert Kultur als ein Orientierungssystem für Gruppen, von Organisationen bis hin zu Gesellschaften. Dieses Orientierungssystem wird durch Symbole gebildet, und die Mitglieder der Gruppe sind dadurch in Ihrem Wahrnehmen, Denken und Handeln beeinflusst. Dadurch unterscheiden sich die Mitglieder einer bestimmten Gruppe auch von den Mitgliedern einer anderen Gruppe, und die Zugehörigkeit zu einer bestimmten Gruppe oder Gesellschaft wird bestimmt (Thomas 1993).

Hofstede sieht Kultur als ein kollektives Phänomen, das diejenigen prägt, die in ihrem sozialen Umfeld leben oder gelebt haben. Ebenso sieht er in der Kultur den Zweck der Unterscheidung der Gruppenmitglieder. Die mentale Programmierung (Abb. 2.1) des Menschen findet auf den drei Ebenen menschliche Natur, Kultur und Persönlichkeit statt. Die menschliche Natur ist das, was allen Menschen gemeinsam ist und über die Gene vererbt wird. Beispielsweise gehören dazu die Fähigkeit, Angst, Wut, Freude und Scham zu zeigen. Daher spricht Hofstede, der seine Untersuchungen in dem Computerunternehmen IBM

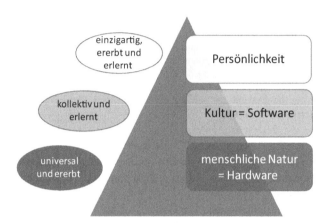

Abb. 2.1 Die drei Ebenen der Einzigartigkeit in der mentalen Programmierung des Menschen. (Quelle: eigene Darstellung nach Hofstede et al. 2010, S. 6)

durchgeführt hat, von „Hardware". Die Kultur ist die „Software", das Denken, Fühlen und Handeln in einer bestimmten Gruppe. Beispielsweise gehören dazu das Grüßen, Essen, das Zeigen von Gefühlen und Körperhygiene. Die Kultur ist also die Programmierung einer Gruppe. Einzigartig ist dagegen die Persönlichkeit des Menschen, die zum Teil ererbt und zum Teil erlernt wurde (Hofstede et al. 2010).

Kulturmodell nach Hofstede
Auch wenn sein Lebenswerk zu den wichtigsten Säulen der interkulturellen Kommunikation gehört, ist Geert Hofstede heute in der Science Community sehr umstritten. Die Kritik an seiner Arbeit richtet sich gegen eine Homogenisierung von Kulturen und dadurch von Menschen auf der Basis von Kulturdimensionen. Hofstede untersuchte – vor über 40 Jahren – die Firmenkultur von IBM und deren Repräsentanten, die Mitarbeiter. Aus diesem Blickwinkel generalisierte Hofstede eine Kultur auf andere Firmenkulturen, die in der heutigen Welt nicht mehr passt.

Jedoch haben wir uns für die Darstellung von Hofstede entschieden, da er nicht nur bekannt ist, sondern auch den Kulturbegriff strukturiert darstellt und zu weiteren Diskussionen anregt. An der kritischen Diskussion beteiligen sich verschiedene AutorInnen und WissenschaftlerInnen, wie z. B. Tony Fang (2003), Stefanie Rathje (2003), Lena Schmitz und Wiebke Weber (2014), Helene Haas (2007) oder Giorgio Touburg (2016). Für eine weitere methodische Hofstede-Kritik ist die Arbeit von den israelischen Forschern Schwartz und Sagiv (1992, 1995, 2012) mit der Theorie des „individuellen Wertesystems" zu empfehlen.

Auch wenn insbesondere das Kulturmodell von G. Hofstede umstritten ist, möchten wir es erwähnen, da es in der Praxis einige Zusammenhänge erklären kann.

Wie die bisherigen Begriffserklärungen gezeigt haben, herrscht zum Kulturbegriff Uneinheitlichkeit. Daher ist eine theoretische Fundierung schwierig. Es überwiegen verschiedene Theorien, die Kultur mit Nation gleichsetzen (Müller und Gelbrich 2014).

In diesem Buch beziehen sich die Autorinnen auf die Definition von Maletzke, um sich so weit wie möglich von einem Schubladendenken zu entfernen: „Kultur ist die Art und Weise, wie die Menschen leben und was sie aus sich selbst und ihrer Welt machen" (Maletzke 1996). Daran wird deutlich, wie flexibel eigentlich Kultur ist und wie der Begriff von Kultur sich entwickelt hat. Kultur ist nicht starr und nicht inflexibel, ganz im Gegenteil:

In einem Interview sagte Horacio Falcao, Professor und Experte für Verhandlungen an der INSEAD (ursprünglich Institut Européen d'Administration des Affaires, heute als The Business School for The World bekannt, in Fontainebleau, Paris), dass wir manchmal Kommunikationsgefahren unterschätzen, weil wir zu sehr nach den nationalen Kulturen gehen, und weil wir einfach annehmen, dass Menschen aus der eigenen Kultur oder dem eigenen Land uns sehr ähnlich im Denken und Handeln sind. Als ein übertriebenes Beispiel führt er aus: „Vielleicht würde ich lieber mit einer älteren muslimischen Frau verhandeln, die auf dem Land in der Mongolei lebt, als mit einem katholischen Mann mittleren Alters, der Jura studiert hat und aus Rio de Janeiro kommt wie ich!" (Falcao 2008). In diesem Zusammentreffen wären die Unterschiede sehr klar und man würde stärker darauf achten, richtig verstanden zu werden, anstatt einfach anzunehmen, dass Gemeinsamkeiten vorhanden sind, weil beide aus einer Gruppe, einer Nation, einer Gesellschaft oder Kultur stammen.

Beispiel

Nehmen wir das Beispiel der Zahnarztpraxis Dr. Franger, in der innerhalb des Teams und bei den Patienten so viele Kulturen aufeinandertreffen, die nicht auf bestimmte Länder zurückzuführen sind: Hier ist ein Verständnis von Gesundheit sehr davon abhängig, wie z. B. in einer Familie mit Zahnschmerzen umgegangen wird. Maletzkes Verständnis von Kultur als der Art und Weise, in der Menschen leben, und was sie aus sich selbst machen wird hier sichtbar. Kultur hat auch damit zu tun, welche Erfahrungen Menschen gemacht haben und was sie aus diesen Erfahrungen für sich ableiten.

Die Praxismanagerin der Zahnarztpraxis erläutert: „Wir lernen täglich dazu und bemühen uns um Toleranz und Verständnis, erwarten dies jedoch auch von unseren Patienten."

2.2   Einfluss von Kultur auf Kommunikation

Gerade wenn es um Gesundheit geht, um einen hochsensiblen Bereich, nämlich das menschliche Befinden, zeigen Menschen tief liegende Einflüsse, die ihren Ursprung in Kultur und Werten haben, die ihnen oft gar nicht bewusst sind. Diese Einflüsse werden kommuniziert und kommen über die Sprache und über andere Kommunikationskanäle zum Ausdruck. In der interkulturellen Kommunikation begegnet man verschiedenen Verhaltensformen, Codes, Einstellungen und Konventionen.

Kommunikation beinhaltet verschiedene Codes, basierend auf unseren kulturellen und emotionalen Erfahrungen. Was bedeutet das Wort „Schnee" für Inuit? Was assoziieren sie damit? Wohlbefinden oder Schmerz? Licht oder Dunkelheit? Wie betrachten Beduinen ein Kamel und was bedeutet ein Falke für Golfaraber und warum? Wie feiert man eine Hochzeit in Frankreich? Was spielt dabei eine Rolle, und wie prägt sich das in das Gedächtnis von kleinen Kindern ein, die daran teilnehmen? Diese Codes, oder Schlüssel, existieren in allen Kulturen. In „The Culture Code" schreibt Clotaire Rapaille:

> Der Kulturkodex ist die unbewusste Bedeutung, die wir auf irgendeine gegebene Sache anwenden – ein Auto, eine Art von Essen, eine Beziehung, sogar ein Land – über die Kultur, in der wir aufgewachsen sind (Rapaille 2006).

Wir kennen diesen Kulturkodex, wenn wir in einem Land aufgewachsen sind. Er muss nicht ausgesprochen oder erklärt werden. Wenn Menschen miteinander kommunizieren, tauschen Sender und Empfänger Informationen aus und schicken Botschaften und Codes, die decodiert oder entschlüsselt werden müssen. Was einfach zu sein scheint, führt oft zu Missverständnissen. Denn nur wenn die Botschaften und Informationen richtig verstanden werden, kann Kommunikation gelingen. Selten reichen Wörter, um Bedeutung zu erzeugen. Vielmehr muss man sich zusätzlich auf Gestik und Mimik verlassen können und sie so verstehen, wie sie wirklich gemeint sind.

Beispiel

Eine deutsche Frau ist mit ihrem Freund in Ecuador auf Reisen. Sie haben einen Unfall und sie wird ins Krankenhaus eingeliefert. Was sie nicht weiß ist, dass in Ecuador die Angehörigen der Patienten das Essen mitbringen. Das Krankenhaus-Personal möchte den Freund der deutschen Frau jedoch nicht beleidigen. Sehr behutsam kommunizieren sie diese Tatsache: Wir haben hier keine Küche, aber direkt gegenüber ist ein gutes Restaurant in der auch Essen für die Patienten gekauft werden kann. Normalerweise kaufen Angehörige das Essen nicht im Restaurant, doch das Krankenhaus-Personal möchte den Freund nicht beschämen. Der Freund versteht nun, dass er für seine Freundin das Essen holen muss. Wenn man in Ecuador aufwächst, ist dieser Kulturkodex allen bewusst. In Deutschland wiederum kommt es immer wieder zu Konflikten, wenn Angehörige das Essen mitbringen: Was, wenn der Patient nach einer OP ungeeignetes Essen bekommt und das Krankenhaus keine Kontrolle hat? Und es wird immer wieder betont: Wenn etwas passieren sollte, haftet das Krankenhaus nicht. Kennen ausländische Patienten und ihre Angehörigen diesen Kulturkodex nicht, können sie sich auch nicht daran halten.

Dies führt uns zu der Art und Weise, in der Kommunikation stattfindet. Kommunikation geschieht verbal, paraverbal und nonverbal.

2.2.1 Verbale Kommunikation

Häufig ist Sprache das größte Kommunikationshindernis, weil Menschen über Sprache kommunizieren. Sprachinhalte und deren Interpretation sind kulturgebunden: Sprachliche Barrieren sind zugleich kulturelle Barrieren. Heute ist Englisch *die* Kommunikationssprache, die „lingua franca", und wird in Wissenschaft und Wirtschaft auf der ganzen Welt benutzt. Was geschieht aber, wenn ein US-Amerikaner, eine Inderin und ein Saudi miteinander Englisch sprechen? Nur für den US-Amerikaner ist Englisch die Muttersprache.

Aber selbst wenn die sprachlichen Barrieren niedrig sind, bleibt der Raum für Missverständnisse sehr groß, denn Kommunikation findet auch über andere Kanäle statt.

Beispiel

Der Mitarbeitervertreter Simon G. im Krankenhaus der Maximalversorgung berichtet, dass er manchmal den Eindruck hat, dass einige Mitarbeiter auch „nicht verstehen wollen". Sprachbarrieren werden dazu genutzt, um sich mit Kollegen nicht austauschen zu wollen.

2.2.2 Paraverbale Kommunikation

Paraverbale Kommunikation beinhaltet die Intonation der Stimme, die Lautstärke, Sprechpausen und Redefluss. Diese sogenannten paraverbalen Signale müssen einem interkulturellen Deutungsmuster zugeordnet werden (Rothlauf 2006). Beispielsweise fällt im Gespräch mit einer Australierin auf, dass ihre Aussagen immer die Intonation einer Frage haben: Die Stimme geht am Satzende nach oben, was irritierend wirken kann, bis man sich daran gewöhnt hat.

Manchmal setzen Afrikaner und Araber die Lautstärke als Mittel ein, um durchzusetzen, wer als nächster redet. Dieses Verhalten kann Europäer überraschen, da es im europäischen Kontext eher ungewohnt ist – vor allem in gebildeten Kreisen.

Sprechpausen fallen je nach Kultur sehr unterschiedlich aus. In Verhandlungen oder im Vertrieb können Asiaten z. B. Sprachpausen und Schweigen oft einsetzen und gut aushalten, während US-Amerikaner und Europäer sich dabei unwohl fühlen, und das Gefühl haben, sie müssen die „Lücken füllen" und reden, womit sie sich in eine schwächere Verhandlungsposition bringen können.

Beispiel

In einem Mehrbettzimmer im Krankenhaus treffen zwei Familien aufeinander: Die eine kommt aus Nordeuropa und die andere aus Südeuropa. Es ist wahrscheinlich, dass bei den Südeuropäern die Lautstärke höher ist. Das ist nicht „böswillig", sondern die Menschen sind daran gewöhnt, so miteinander zu reden. Ein Kind aus der nordeuropäischen Familie fragt seine Mutter, warum die andere Familie sich streitet. Für seine Ohren klingen manche Buchstaben und Laute sehr hart und sehr befremdlich.

2.2.3 Nonverbale Kommunikation

Kommunikation findet vorwiegend auf der nonverbalen Ebene statt. Diese nonverbale Kommunikation ist von Kultur, kulturellen Normen und Konventionen sehr stark geprägt – viel stärker als die verbale Kommunikation. Wenn Menschen aufeinandertreffen, sich verabreden und miteinander reden, spielt die nonverbale Kommunikation eine wesentliche Rolle. In manchen Kulturen ist die Kommunikation eher direkt und die Botschaft wird hauptsächlich über die Wörter transportiert, wie z. B. in Deutschland und Dänemark. In andere Kulturen wird eher der indirekte Kommunikationsstil gewählt, und der Kontext spielt eine entscheidende Rolle in der Verständigung.

Beispiel

Eine philippinische Frau arbeitet am Empfang im Krankenhaus in Dubai. Der Geschäftsführer des Krankenhauses sagt ihr, dass sie immer sehr ernst wirkt. Er bittet sie, mehr zu lächeln und die Menschen freundlich anzuschauen. Sie antwortet, dass es für sie unmöglich sei, weil viele dann denken werden, sie hätte sexuelles Interesse an ihnen.

In seinem Buch „Interkulturelles Management" unterscheidet Rothlauf zwischen vier Formen der nonverbalen Kommunikation im interkulturellen Kontext: die „Zeitsprache", die „Körpersprache", die „Sprache des Raumes", und die „Vertragssprache" (Rothlauf 2006).

Zeitsprache
Die Zeitsprache prägt das Zeitempfinden von Menschen in ihrer Kultur und Gesellschaft. Pünktlichkeit wird in Marokko nicht so genau beachtet wie z. B. in Deutschland. Das kann natürlich zu Missverständnissen führen und Konsequenzen auf das Geschäft haben. Die Zeitsprache wird auch im Arbeitsrhythmus deutlich: Die industrialisierten westlichen Gesellschaften haben eher ein lineares Zeitverständnis, Agrargesellschaften eher ein zyklisches Zeitbewusstsein (Davidson 1982). Die Perspektive der Menschen gegenüber Verspätungen, Verabredungen, Wartezeiten ändert sich ja nach Zeitsprache und kann zu erheblichen Missverständnissen führen. Beim linearen Zeitverständnis ist vieles nach der Uhr getaktet und die Prozesse erfordern einen Schritt nach dem anderen. Beim zyklischen Zeitverständnis gibt es keinen Anfang und kein Ende.

Beispiel
Zwei Altenpflegerinnen arbeiten auf der gleichen Station. Eine Pflegerin kommt aus Deutschland, die andere aus Kamerun. Bei der Morgenpflege der Bewohner erledigt die deutsche Kraft eine Aufgabe nach der anderen, während die Kraft aus Kamerun mehrere Aufgaben gleichzeitig anfängt, was zwischen den beiden zu einem Konflikt führt.

Körpersprache
Die „Körpersprache" verrät viel über den Menschen, mit dem wir zu tun haben. Die Gestik (z. B. das Okay-Zeichen mit den Fingern) kann zu Missverständnisse führen, die „Daumen-hoch"-Geste ist eine Beleidigung, wenn man sie im Iran benutzt. Die Schuhsohle sollte man in Arabien oder in Thailand nie zum Gesicht des Geschäftspartners richten, denn das wäre sehr unhöflich und beleidigend. Bedeutet „ja" immer „ja" und „nein" immer „nein" wie z. B. üblicherweise in Deutschland? Das ist nicht immer der Fall. In manchen Ländern hat das Gesichtwahren oberste Priorität. Eine Ablehnung, die mit einem „nein" ausgedrückt wird, würde die Ablehnung der Person selbst und nicht nur der Sache bedeuten. Deshalb bedeutet „ja" manchmal nur „vielleicht" und unter „vielleicht" muss man „nein" verstehen.

Über die Körpersprache und die nonverbale Kommunikation kommt man zu einer Interpretation der verbalen Sprache, und dadurch zu der richtigen Antwort.

Die Sprache des Raumes
Unter der „Sprache des Raumes" (El Kahal 1994) verstehen wir den Körperabstand, die Distanz zwischen Gesprächspartnern, den privaten und öffentlichen Raum und die räumliche Orientierung (Maletzke 1996).

Bei welchem Körperabstand fühlen sich zwei US-Amerikaner wohl? Oder zwei indische Menschen? Was bedeutet das für die Kommunikation? Welche Berührungen sind erlaubt und akzeptabel und welche nicht, je nach Kultur, Land und auch Individuum? Wie verlaufen Begrüßungen zwischen Menschen aus verschiedenen Kulturkreisen? Welche Gesten sind erlaubt, welche nicht? All diese Fragen sind unter der „Sprache des Raumes" zu kategorisieren.

Schon in „The Hidden Dimension" hat sich Edward T. Hall mit dem Konzept von privat vs. öffentlicher Raum beschäftigt. Er beschreibt z. B. ein ausgeprägtes deutsches Bedürfnis nach einem eigenen Raum als Fortsetzung des Egos. Das Ego des Deutschen ist außerordentlich empfindlich, und so versucht er mit allen Mitteln, die Privatsphäre zu wahren. Das konnte man z. B. im Zweiten Weltkrieg bei deutschen Kriegsgefangenen beobachten: In einem Lager wohnten je vier Gefangene in einer Hütte; sobald nun etwas Material zur Verfügung stand, begann jeder, einen eigenen Raum für sich abzuteilen. Bei ihren Balkons und Gärten achten die Deutschen sehr darauf, dass andere Leute sie nicht sehen können (Hall 1966).

Beispiel
Arabische Patienten beschweren sich oft, dass die Zimmer in Deutschland sehr eng und klein sind. Das Bedürfnis nach viel Raum und Platz kommt daher, dass sie in ihren Ländern daran gewöhnt sind, in großen Häusern und Villen zu wohnen, die umgeben von Mauern sind, oder z. B. in Hotels zu verweilen, die über sehr große Zimmer und Bäder verfügen. Doch nicht nur Häuser und Wohnungen in den Vereinigten Arabischen Emiraten sind sehr groß. In vielen Krankenhäusern in Dubai verfügen Chirurgen über große OP Säle, was auch das Bedürfnis nach Raum und Platz der Belegschaft erfüllt.

Vertragssprache
Die „Vertragssprache" in einer Kultur kann den Beginn eines Projekts, den Anfang einer Umsetzung einer Vertragsvereinbarung oder das Ende der Verhandlungen bedeuten. In Deutschland oder Dänemark z. B. bedeutet der unterzeichnete Vertrag das Ende der Verhandlungen, die Einigung, und die Phase der Umsetzung kann beginnen.

In andere Kulturen, z. B. bei den meisten Arabern, ist ein Vertrag nichts anders als der Beginn der Geschäftsbeziehung. Natürlich hat man sich geeinigt, aber Änderungen sind trotz Vertrag immer möglich. In dieser Kultur sind die Beziehung und die Langzeitorientierung das Wichtigste (Rothlauf 2006).

2.3 Werte und Normen

Im Kern einer Kultur sind die historisch vermittelten Grundannahmen verankert. Dazu gehören die Werte und Normen, Annahmen und Einstellungen.

Werte sind abstrakte Vorstellungen, die ideale und wünschenswerte Zustände repräsentieren. Im anthropologischen Sinne sind Werte weder positiv noch negativ, werden aber oft von der Politik zugunsten von Personen oder Unternehmen instrumentalisiert (EMIL 2006). Beispielsweise werden in der Flüchtlingsdebatte gerne die deutschen Werte wie Disziplin und Ordnung herangezogen, die durch zu viele Flüchtlinge verschwinden könnten. Nicht wenige argumentieren, dass darauf die deutsche Wirtschaft basiert.

Doch nicht nur zwischen Kulturen können unterschiedliche Werte aufeinandertreffen. In Einrichtungen der Gesundheitswirtschaft in Deutschland können unterschiedliche Werte zwischen Personal und Patienten zu einer ungünstigen Behandlung oder zu einem Konflikt führen.

In Tab. 2.1 sind Werte einander gegenübergestellt. Stehen diese nicht im Einklang, so kommt es zu Unstimmigkeiten.

Normen zu verstehen fällt leichter, als Werte zu definieren, denn Normen sind konkret und auf Werte aufgebaut. Kinder, die in einer Gesellschaft aufwachsen, in der „Respekt" für ältere Menschen einen hohen gesellschaftlichen und morali-

Tab. 2.1 Unterschiedliche Werte in Einrichtungen der Gesundheitswirtschaft in Deutschland. (Quelle: Eigene Darstellung)

Werte des Personals bzw. der Organisation	Werte des Patienten
Effizienz: Patient soll nackt sein, um die Untersuchung des Arztes zu erleichtern	Schamgefühl: Die Nacktheit verletzt das Schamgefühl
Kontrolle: das Personal möchte die Kontrolle über die Abläufe haben und stört sich daher an dem vielen Besuch	Familie: die Familie entscheidet mit, hilft dem Patienten und ist daher immer da
Autonomie und Unabhängigkeit: Patienten sollen ermutigt werden, sich zu bewegen	Ausdruck von Emotionen: Patient möchte liegen bleiben, weil er starke Schmerzen hat. Er weint

schen Wert hat, werden nicht so schnell bereit sein, zu widersprechen oder unhöflich gegenüber Älteren zu sein, denn der „Respekt" steuert ihr Verhalten seit der
Kindheit. Allerdings bedeutet „Respekt" nicht überall und in allen Gesellschaften
das Gleiche. In Kulturen oder Gesellschaften, in denen Loyalität zur Gruppe
sehr stark ausgeprägt ist – und das bedeutet, keine Kritik zu äußern – fällt es den
Angehörigen dieser Kultur oder Gesellschaft sehr schwer, sich in anderen Gesellschaften – wo Kritikausüben, auch an der eigenen Gruppe, gewünscht und erlaubt
ist – anders zu verhalten. Was für die einen „Selbstständigkeit" bedeutet, kann für
die anderen „Egoismus" bedeuten.

Angehörige einer Kultur oder einer Gruppe wachsen mit dem Wissen auf,
was die verschiedenen Normen und Werte für diese bestimmte Gruppe bedeuten,
und möchten sie üblicherweise nicht verletzen. Das sind die sogenannten
„ungeschriebenen Regeln" einer Gesellschaft: Sie sind nicht bewusst erlernt, sondern man kennt sie als Mitglied dieses Kulturraumes (EMIL 2006).

Sitten und Normen sind die Regeln, die Menschen einer Kultur oder Gesellschaft beachten und sich danach verhalten müssen. Sie sind konkret und beziehen
sich auf den Alltag. Dazu gehören z. B. Riten und Tabus, wie das Sexualverhalten,
die Heiratssitten, Verhandeln und Kaufen, Essen und Tischsitten und Erziehung.

Beispiel

Gäste einer Gesundheitsdelegation aus Deutschland besuchen verschiedene
Einrichtungen des Gesundheitswesens in Brunei. Der Besuch gilt dem Aufbau von Kooperationen und Geschäftsbeziehungen zwischen Deutschland
und Brunei im Rahmen der Gesundheitswirtschaft. Beim gemeinsamen Essen
sitzen die Vertreter der Gesundheitswirtschaft aus Brunei mit den deutschen
Delegierten an einem Tisch. Dabei wird peinlichst darauf geachtet, keine
Tabuthemen anzusprechen, z. B. Religion des Landes, Todesstrafe, persönliche Angelegenheiten, Politik oder die Schere zwischen Arm und Reich. Es
wird schnell ein „sicheres" Thema gefunden: Fußball! Und auf einmal lenkt
die Marketingleiterin des staatlichen Krankenhauses in Brunei das Gespräch
auf den Torwart Robert Enke, der sich kurz zuvor das Leben genommen hat.
Suizid ist eigentlich ein Tabuthema, doch auch ein Tabuthema kann offen
angesprochen werden, wenn die Experten dafür am Tisch sitzen, hier nämlich
Experten für seelische und körperliche Erkrankungen. In einer anderen Branche in Brunei hätte dieses Thema nie beim gemeinsamen Essen und in einem
hochoffiziellen Kreis Erwähnung gefunden.

Sexualität ist in vielen Gesellschaften ein Tabu. Und doch ist in Nahost die
Bevölkerung ständig mit Sexualität konfrontiert, sei es über Werbung für Frauen,

das Internet, Filme und Serien. Stereotypen werden auch dadurch verstärkt, und das Bild von Frauen als Sexobjekt oder ideale Mutter verankert sich in vielen Köpfen noch weiter.

Tausende von Flüchtlingen, Asylsuchenden und Migranten, die nach Europa kommen, haben ein Europa-Bild über ihr Smartphone entwickelt. Sehr oft führt dieses Bild zu einem falschen Verständnis der Realität, und für viele ist die Enttäuschung enorm, wenn sie vor Ort ein anderes Bild antreffen.

Ohne Medieneinfluss hätten Aufstände wie z. B. der „Arabische Frühling" nicht stattfinden können, und auch in Ländern wie dem Iran oder Saudi-Arabien spielt das Internet eine bedeutende Rolle für die Wahrnehmung der Bevölkerungen, deren Wissen über Ereignisse und Möglichkeiten, die es auf der Welt gibt. Was ist die Rolle der Medien und des Internets heute? Tragen sie dazu bei, große Werteveränderungen auf der Welt voranzubringen? Was ist ihr Einfluss? Fragen, die wir hier nicht beantworten können. Eins ist aber sicher: Kommunikation ist heute ohne Internet, Twitter oder Facebook undenkbar.

2.4 Identität oder Identitäten?

Heute rückt die Welt immer näher zusammen. Menschen sind mobiler geworden und fast jeder kann jederzeit irgendwohin fliegen, schnell in einer anderen Kultur ankommen, dort eine Zeit lang leben und dann wieder weiterziehen. Welchen Einfluss hat die Mobilität auf die Identität? Was bedeutet die Mobilität für die Identität des Einzelnen? Was ändert sich dabei? „Verlieren" Menschen ihre Identität, wenn sie migrieren und in einem anderen Land arbeiten? Was nehmen die ukrainische Pflegekraft und der spanische Arzt mit, wenn sie ihre Heimat verlassen, um in Deutschland zu arbeiten? Was lassen sie zurück? Was bleibt eine Sehnsucht, und was ist man glücklich losgeworden zu sein?

Überall begegnen wir dem Wort „Identität". Das Thema wird oft in Rundfunk- oder Fernsehbeiträgen und Diskussionen behandelt – zum Teil kontrovers. Auch wenn wir dadurch mit dem Wort vertraut sind, bleibt es schwierig, dafür eine Definition zu finden. Was ist Identität überhaupt? Gibt es *eine* Identität oder können wir von mehreren Identitäten reden (Schreiber-Barsch et al. 2005)?

In seinem Essay „Identität" erklärt der Sozialpsychologe Heiner Keupp den Begriff als „die Antwort auf die Frage (...) wer man selbst oder wer jemand anderer sei. Identität im psychologischen Sinne beantwortet die Frage nach den Bedingungen, die eine lebensgeschichtliche und situationsübergreifende Gleichheit in der Wahrnehmung der eigenen Person möglich machen (innere Einheitlichkeit trotz äußerer Wandlungen)" (Keupp et al. 2002).

Hier ist nun die Frage, ob eine Identität ein Leben lang gleich bleibt oder sich auch verändern kann (Keupp und Höfer 1997).

Schon in der griechischen Antike befasste sich Platon mit dem Thema (Schleiermacher 1957-1958). Keupp zitiert Platon:

> In seinem Dialog „Symposion" („Das Gastmahl") lässt er Sokrates in folgender Weise zu Wort kommen: „... auch jedes einzelne lebende Wesen wird, solange es lebt, als dasselbe angesehen und bezeichnet: z.B. ein Mensch gilt von Kindesbeinen an bis in sein Alter als der gleiche. Aber obgleich er denselben Namen führt, bleibt er doch niemals in sich selbst gleich, sondern einerseits erneuert er sich immer, andererseits verliert er anderes: an Haaren, Fleisch, Knochen, Blut und seinem ganzen körperlichen Organismus. Und das gilt nicht nur vom Leibe, sondern ebenso von der Seele: Charakterzüge, Gewohnheiten, Meinungen, Begierden, Freuden und Leiden, Befürchtungen: alles das bleibt sich in jedem einzelnen niemals gleich, sondern das eine entsteht, das andere vergeht." (Platon, zitiert in Schleiermacher 1958, S. 127f.).

Identität als Teil der Kultur und als Teil der Persönlichkeit eines Menschen entwickelt sich mit der Zeit, mit den Erfahrungen und mit den gesellschaftlichen Einflüssen unter denen dieser Mensch ein neues – gewolltes oder gezwungenes – Leben aufbaut. Es ist ein kontinuierlicher Prozess, der ein ganzes Leben dauert, denn Identität, genauso wie Kultur, bildet keine starre Einheit, sondern ist flexibel und fluid, veränderbar, behaftet mit Widersprüchen und zum Teil auf starken Emotionen basierend, auch wenn sie auch aus sehr festen Elementen und Merkmalen besteht.

Aber ist die Frage nach „einer" Identität die richtige, oder können wir von multiplen Identitäten reden? Und nach welchen Kriterien definieren Menschen ihre Identität? Wie ist es mit Nationen und Ländern? Der franco-libanesische Schriftsteller Amine Maalouf hat eine eigene Interpretation von (seiner) Identität angegeben, und möchte nicht von Identitäten reden, sondern von einer Identität, die aus verschiedenen Teilen und Komponenten besteht:

> Seit ich 1976 den Libanon verlassen habe, um mich in Frankreich niederzulassen, bin ich unzählige Male und immer in der allerbesten Absicht gefragt worden, ob ich mich „eher als Franzose" oder „eher als Libanese" fühle. Ich antwortete jedes Mal: „Sowohl als auch!" Nicht aus Sorge um Ausgleich oder Ausgewogenheit, sondern weil ich lügen würde, wenn ich anders antwortete. Was mich zu dem macht, der ich bin, liegt in der Tatsache begründet, dass ich mich auf der Grenze zwischen zwei Ländern, zwei oder drei Sprachen und mehreren kulturellen Traditionen bewege. Gerade das ist es, was meine Identität bestimmt. ... Halb Franzose also und halb Libanese? Keineswegs. Identität lässt sich nicht aufteilen, weder halbieren noch

dritteln oder in Abschnitte zergliedern. Ich besitze nicht mehrere Identitäten, ich besitze nur eine einzige, bestehend aus all den Elementen, die sie geformt haben, in einer besonderen „Dosierung", die von Mensch zu Mensch (und von sozialer Gruppe zu sozialer Gruppe) verschieden ist." (Maalouf 1998).

2.5 Kulturmodelle

Kultur kann nicht zusammenhangslos betrachtet werden: In den verschiedenen Kulturmodellen wird versucht, die Kultur im Zusammenhang mit der Gesellschaft darzustellen. Die ersten Kulturmodelle wurden schon in den 1950er-Jahren entwickelt, und in den letzten 10 Jahren kamen auch neue, vielfältige Modelle und Ideen im interkulturellen Bereich dazu.

Es werden in diesem Rahmen nur einige Kulturmodelle vorgestellt: die des US-Amerikanischen Anthropologen Edward T. Hall (1914–2009), von dem niederländischen Kulturpsychologen und Sozialwissenschaftler Geert Hofstede (geb. 1928) und seinem ehemaligen Schüler Fons Trompenaars (geb. 1952), von dem britischen Kommunikationsexperten Richard D. Lewis (geb. 1930), und von dem Jenaer Professor für Interkulturelle Wirtschaftskommunikation Jürgen Bolten.

2.5.1 Edward T. Hall: Das Eisbergmodell

Wenn wir an Kultur denken, haben wir das Eisberg-Kulturmodell vor Augen: Man sieht vom Eisberg nur den kleinsten Teil, weil „Gefahren" unter dem Wasser lauern. Wir sehen nur, was über der Oberfläche liegt: die Architektur, den Verkehr, die Küche, die Kleidung, Begrüßungen, Kunst, Tanz. Doch Missverständnisse und Konflikte sind unvermeidbar, weil wir Annahmen, Überzeugungen und Werte, die sich unter der Wasseroberfläche befinden, nicht erkennen und oft auch nicht verstehen. Die Metapher vom Eisberg ist eine bildhafte und einfache Darstellung von Kultur und der Kulturwahrnehmung, auch wenn Kritiker darin ein zu starres Bild von Kultur sehen.

1976 setzte der Anthropologe Edward T. Hall die Eisberg-Metapher ein und betrachtete Kultur als Eisberg: Wenn wir dies tun, dann sind einige Aspekte explizit zu erkennen, aber der größte Teil bleibt unter der Wasserlinie versteckt. Halls Bücher, insbesondere „Beyond Culture" (Hall 1976), sind bis heute Klassiker der interkulturellen Kommunikation.

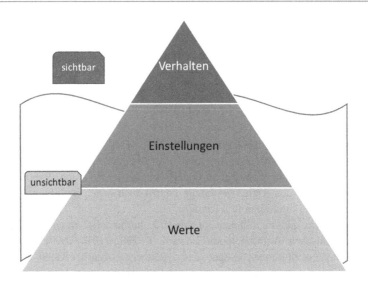

Abb. 2.2 Das Eisberg-Kulturmodell (Quelle: eigene Darstellung nach Hall 1976)

2.5.2 Geert Hofstede: Das Zwiebelmodell

Durch die verschiedenen Schalen der Zwiebel werden die verschiedenen Ebenen der kulturellen Prägung deutlich gemacht.

Hofstede zeigt die Bereiche Symbole, Helden, Rituale und Werte, und je größer die Nähe zur äußeren Schale, desto schneller erfolgt der externe Einfluss auf die verschiedenen Inhalte. Die äußeren Bereiche sind sichtbar, während ganz im Kern der Zwiebel Werte und Überzeugungen versteckt sind. Angehörige einer Kultur kennen diese Werte, Fremde nicht. Manchmal werden diese Werte nur durch Fehler und Missverständnisse sichtbar. Symbole, Helden und Rituale hingegen sind die Aspekte, die alle sehen und wahrnehmen können (Hofstede 2001).

2.5.3 Fons Trompenaars: Das Zwiebelschalenmodell

Ein anderer niederländischer Wissenschaftler und Schüler von Hofstede, Fons Trompenaars, verwendete ein „Zwiebelschalenmodell", um Kultur zu beschreiben und zu charakterisieren: Die äußeren Schalen beinhalten Gegenstände, Produkte, Objekte. Sie sind sichtbar und man kann diese Schicht der Kul-

tur wahrnehmen. In der Mitte liegen Werte und Normen, wie z. B. Pünktlichkeit
und Ordnung in der deutschen Kultur, oder das Gesichtwahren im asiatischen
Kulturraum. Ganz im Kern sind die Annahmen der Kultur verortet.
Für Trompenaars gibt es einen Zusammenhang zwischen den Ebenen. Und
darin unterscheidet sich sein Modell von Hofstedes. Die äußeren Ebenen werden
stark von den inneren beeinflusst und die Werte einer Gruppe von verschiedenen
Annahmen, was wiederum das Verhalten der Menschen stark prägt (Trompenaars
und Hampden-Turner 2012).

2.5.4   Richard D. Lewis: Das Lewis-Modell

In den 1990er Jahren entwickelte der Linguist Richard D. Lewis das sogenannte
„Lewis-Modell" und publizierte es 1996 in einem – inzwischen zum Bestseller
gewordenen – Buch mit dem Titel „When Cultures Collide".
Weitgereist und im internationalen Geschäftsleben sehr erfahren, teilte Lewis
Menschen in drei Kategorien ein, unabhängig von Nationalität oder Religion, sondern nur auf deren Verhalten basierend: linear-aktiv, multi-aktiv und reaktiv (Lewis
1996). Er beschreibt linear-aktive Menschen als Planer die es bevorzugen, eine
Sache zu einer Zeit zu erledigen, die gerne organisieren und ziel-, aufgaben- und
sachorientiert arbeiten. Multi-aktive Mitglieder einer Gesellschaft sind gesellig und
an Personen orientiert, sie reden gerne und sind lebendig, und halten sich nicht an
strikte Zeitpläne. Die dritte Kategorie, reaktive Menschen, sind diejenigen die sehr
respektvoll und höflich mit Anderen umgehen, eher ruhig, und gute Zuhörer sind.
2013 publizierte Lewis ein neues Kulturmodell zusammen mit dem Head-
hunter Kai Hammerich, „The Cultural Dynamic Model(R)", und konzentrierte
sich damit auf die Unternehmenskultur: Eine kulturelle Dynamik beschreibt den
dynamischen Effekt, wenn die nationalen und geschäftlichen Einflussnehmer
durch die Arbeitsweise des Unternehmens miteinander in Kontakt treten und oft
ungewollt die Unternehmenskultur verändern (Lewis und Hammerish 2013).

2.5.5   Jürgen Bolten: Die Sandberg-Metapher
(„Dune Model")

Der Jenaer Wissenschaftler Jürgen Bolten entwickelte das Modell des „Fuzzy
Sandbergs", um Kultur zu beschreiben (Abb. 2.3). Damit zeigte er, dass Wahr-
nehmungen immer von der Perspektive des Betrachters abhängig sind. Bolten
sekundiert, dass Verhaltens- und Handlungsregeln, die sich über Jahrhunderte

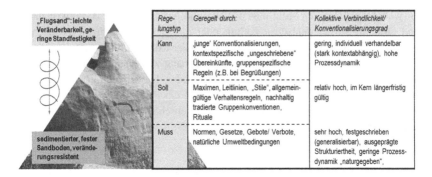

„Flugsand": leichte Veränderbarkeit, geringe Standfestigkeit	Rege-lungstyp	Geregelt durch:	Kollektive Verbindlichkeit/ Konventionalisierungsgrad
	Kann	‚junge' Konventionalisierungen, kontextspezifische „ungeschriebene" Übereinkünfte, gruppenspezifische Regeln (z.B. bei Begrüßungen)	gering, individuell verhandelbar (stark kontextabhängig), hohe Prozessdynamik
	Soll	Maximen, Leitlinien, „Stile", allgemeingültige Verhaltensregeln, nachhaltig tradierte Gruppenkonventionen, Rituale	relativ hoch, im Kern längerfristig gültig
sedimentierter, fester Sandboden, veränderungsresistent	Muss	Normen, Gesetze, Gebote/ Verbote, natürliche Umweltbedingungen	sehr hoch, festgeschrieben (generalisierbar), ausgeprägte Strukturiertheit, geringe Prozessdynamik „naturgegeben",

Abb. 2.3   Das Sandbergmodell. (Quelle: Bolten 2014 und 2015)

in einer Kultur oder Gesellschaft entwickelt und bewährt haben, von den Mitgliedern der Gesellschaft oder des Kulturkreises praktiziert werden und verbindlich sind, als „normal" gesehen werden. Zusammen mit anderen Faktoren bilden sie die Basis einer Gesellschaft oder einer Kultur. Bolten argumentiert, dass in dieser festen Basis oder diesem Fundament die Veränderungen eher gering ausfallen und nur langsam voranschreiten. Wenn aber der Blick vom Fundament zur Spitze gerichtet wird, werden Handlungsregeln viel unterschiedlicher und unverbindlicher (Bolten 2014 und 2015).

2.6   Kulturdimensionen

Viele Ansätze wurden genutzt, um das komplexe Thema kulturelle Differenzen zu erkennen und deren Klassifizierung zu erleichtern. Die wichtigsten sind Kulturdimensionen und Kulturstandards. Edward T. Hall, Geert Hofstede und Fons Trompenaars sind bekannte Wissenschaftler, die sich nicht nur mit Kulturmodellen, sondern auch mit Kulturdimensionen auseinandergesetzt, sie entwickelt, ergänzt und vertieft haben. Bis heute bilden Kulturdimensionen einen wesentlichen Teil der interkulturellen Kommunikation.

2.6.1   Edward T. Halls Dimensionen

Vier Kulturdimensionen wurden von Hall erkannt: Low and High Context, Privatsphäre und Territorialität, die monochrone und polychrone Zeit, sowie Information.

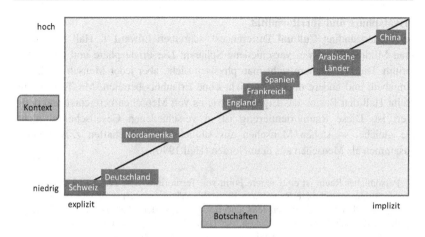

Abb. 2.4 High- und Low-Context-Kulturen. (Quelle: eigene Darstellung nach Hall 1990)

Low-Context/High-Context-Kommunikation

Wenn Kommunikation zwischen zwei Menschen stattfindet, schickt der Sender eine Botschaft, und der Adressat empfängt sie. Ob er sie versteht, bleibt offen und hängt davon ab, wie viel Information er braucht, um die Botschaft in ihrem richtigen Kontext, d. h. so, wie sie gemeint ist, zu verstehen. In den verschiedenen Ländern ist der Kontext hoch oder niedrig (Abb. 2.4).

In den sogenannten High-Context-Kulturen spielt der Zusammenhang, in dem die Wörter gesagt werden, eine größere Rolle als die Wörter selbst. Die tatsächliche Bedeutung der Botschaft hängt dann stark vom Kontext ab. Solche High-Context-Kulturen findet man z. B. in asiatischen und arabischen Gesellschaften. Deutschland gehört eher zu den Low-Context-Kulturen, in denen gilt: „Ich sage, was ich meine, und ich meine, was ich sage", ganz unabhängig vom Kontext.

Eine High-Context(HC)-Kommunikation oder -Nachricht ist eine Nachricht, bei der die meisten Informationen entweder im physischen Kontext oder in der Person verinnerlicht sind, während sehr wenig im kodierten, expliziten, übertragenen Teil der Nachricht enthalten ist. Eine Low-Context(LC)-Kommunikation ist genau das Gegenteil: D. h. die Masse der Information ist im expliziten Code enthalten. Zwillinge, die zusammen aufgewachsen sind, kommunizieren wirtschaftlicher (HC) als zwei Anwälte in einem Raum während eines Prozesses (LC), ein Mathematiker, der einen Computer programmiert, zwei Politiker, die Gesetze verfassen, zwei Verwaltungsbeamte, die eine Verordnung schreiben oder ein Kind, das versucht seiner Mutter zur erklären, warum es in einen Kampf geraten ist (Hall 1976).

Privatsphäre und Territorialität

In „Understanding Cultural Differences" schreiben Edward T. Hall und seine Frau Mildred über zwei verschiedene Sphären: Die Privatsphäre und das Territorium. Die Privatsphäre sieht man physisch nicht, aber jeder Mensch ist davon umgeben, und andere dürfen sie nicht ohne Erlaubnis betreten. Mit Territorium meint Hall den Besitz, das Eigentum, wie es von Menschen betrachtet und definiert ist. Diese Raumorientierung ist in verschiedenen Gesellschaften nicht die gleiche, so stehen Menschen aus südlichen Gesellschaften z. B. dichter zusammen als Menschen aus dem Norden (Hall 1990).

> Persönlicher Raum ist eine andere Form von Territorium. Jede Person hat um sich herum eine unsichtbare Raumblase, die sich abhängig von einer Anzahl von Dingen ausdehnt und zusammenzieht: Die Beziehung zu den Menschen in der Nähe, der emotionale Zustand der Person, der kulturelle Hintergrund und die ausgeübte Tätigkeit ... In Nordeuropa sind die Blasen ziemlich groß und Leute behalten ihre Distanz. In Südfrankreich, Italien, Griechenland und Spanien werden die Blasen kleiner und kleiner, so dass der Abstand, der im Norden als intim empfunden wird, die normale Gesprächsdistanz im Süden überlappt, was bedeutet, dass mediterrane Europäer Deutschen, Skandinaviern, Engländern und Amerikanern nordeuropäischer Abstammung „zu nahe kommen".

Monochrone/Polychrone Zeit

In „Understanding Cultural Differences" und „The Silent Language" (Hall 1981) beschäftigt sich Hall mit der Rolle und dem Einfluss der Zeit im internationalen Business. Er differenziert zwischen einer monochronen (linear betrachtete Zeit) und einer polychronen (nicht linear, sondern eher zirkulär) Zeitauffassung (Hall 1981).

Monochrone Menschen konzentrieren sich auf eine Aufgabe und erledigen sie, bevor sie die nächste anfangen. Sie sind der Meinung, dass alles seinen Platz und seine Zeit hat, und mögen keine Unterbrechungen. Sie halten sich streng an Zeitabläufe, mögen Pläne, brauchen Informationen, bevorzugen Effektivität und ein gutes Zeitmanagement. Zeit ist Geld und darf nicht verschwendet werden.

Polychrone Menschen können verschiedene Aufgaben gleichzeitig bearbeiten und mit Unterbrechungen gut umgehen. Die zwischenmenschliche Ebene und Beziehungen sind für sie wichtiger, als sich strikt an Plänen und Terminen festzuhalten (Hall 1983).

Hall beschreibt damit die Präferenzen der Menschen in verschiedenen Kulturkreisen. Doch er bleibt nicht bei Stereotypen und erklärt weiter:

Alle Kulturen mit Hochtechnologien scheinen sowohl polychrone als auch monochrone Funktionen zu beinhalten. Der Punkt ist, dass jeder es auf seine Weise tut. Die Japaner sind polychron, wenn sie nach innen und zu sich schauen und arbeiten. Im Umgang mit der Außenwelt haben sie das dominierende Zeitsystem übernommen, das diese Welt kennzeichnet (Hall 1983).

Information

In der Kommunikation werden Informationen ausgetauscht, codiert und decodiert. Hall beschreibt, dass z. B. US-Amerikaner sich zwar schnell kennenlernen, die Bekanntschaften aber eher an der Oberfläche bleiben, während in Europa der Aufbau von Beziehungen länger braucht, diese dafür aber generell fester sind. Die Mitglieder von High-Context-Kulturen brauchen den schnellen Informationsaustausch, um immer auf dem Laufenden zu bleiben. In diese Kulturen ist der Informationsfluss sehr hoch, und die Angehörigen solcher Kulturen möchten immer in Reichweite bleiben, weil sie in der eigenen Wahrnehmung ansonsten nicht mehr existenzfähig sind (Hall 1990).

2.6.2 Geert Hofstedes Dimensionen

Hofstede untersuchte eine große Datenmenge über die Werte von IBM-Mitarbeitern in über 55 Ländern. Er publizierte die Ergebnisse seiner empirischen Forschung und deren Auswertung. Die Studie fand zwischen 1969 und 1973 statt und ursprünglich wurden vier kulturelle Dimensionen erkannt und analysiert:

• Machtdistanz
• Individualismus vs. Kollektivismus
• Unsicherheitsvermeidung
• Maskulinität vs. Feminität.

In einer Folgestudie wurden die Dimensionen

• pragmatisch vs. normativ
• kurzfristig vs. langfristig

hinzugefügt (Hofstede et al. 2010).

Die Dimensionen nach Hofstede sind wie oben beschrieben nur auf die Untersuchungen von IBM-Mitarbeitern zurückzuführen. Das bedeutet, dass die

Forschungsergebnisse nicht auf andere Branchen übertragbar sind. Jedoch bieten die Dimensionen eine gute Struktur, um Kultur zu analysieren.

Machtdistanz

Zuerst untersuchte Hofstede die Dimension Machtdistanz, womit er den Grad an Ungleichheit in einer Gesellschaft bezeichnet, und wieweit diese Ungleichheit von den Mitgliedern der Gesellschaft akzeptiert wurde. In manchen Gesellschaften ist die Akzeptanz von Autorität groß und selbstverständlich (z. B. Indien, arabische Länder). Flache Hierarchien und eine geringe Distanz zwischen Chef und Mitarbeitern gibt es eher in Ländern wie Dänemark oder in den Niederlanden.

Die Machtdistanz kann man als gering oder groß beschreiben. In Gesellschaften, in denen die Machtdistanz gering ist, haben Kinder z. B. die Freiheit, etwas abzulehnen, Nein zu ihren Eltern zu sagen. Von Kindern, die in einer Gesellschaft mit großer Machtdistanz aufwachsen, wird eher Gehorsam erwartet.

Die Schulsysteme unterscheiden sich in den unterschiedlichen Kulturen drastisch: Bei einer großen Machtdistanz spielt der Lehrer – nicht unbedingt der Lehrinhalt – eine wesentliche Rolle und jede Initiative geht von ihm aus. Ganz im Gegenteil dazu werden in Gesellschaften mit geringer Machtdistanz Schüler dazu ermutigt, eigene Initiative zu zeigen. Wenn die Machtdistanz gering ist, wird wenig Wert auf Status und Privilegien gelegt. Wo sie groß ist, sind Statussymbole wichtig. Unternehmen mit geringer Machtdistanz haben eine schwache hierarchische Struktur und Mitarbeiter werden in Entscheidungen miteinbezogen. In Unternehmen mit großer Machtdistanz gibt es starke Hierarchien und wenig Beteiligung der Mitarbeiter in Entscheidungsprozessen (Beniers 2006).

Individualismus vs. Kollektivismus

In Gesellschaften, die man individualistisch nennt, sind die Beziehungen unter Individuen eher locker und es wird von den Mitgliedern dieser Gesellschaft erwartet, dass sie hauptsächlich für sich und ihre unmittelbare „Gruppe" sorgen. Leistung und Errungenschaften, Besitz und Reichtum zählen, und im Geschäftsleben sind Verträge wichtig. Wenn neue Mitarbeiter eingestellt und gefördert werden, sind Regeln und Fähigkeiten entscheidend.

In kollektivistischen Gesellschaften stehen die Interessen der Gruppe über den Interessen des Individuums. Die „In-Group"-Kultur ist sehr stark und so auch die Loyalität zur Gruppe. Die Beziehungen unter den Menschen und die Hierarchie, in der das Individuum seinen Platz hat, spielen auch im Geschäftsleben eine entscheidende Rolle (Beniers 2006).

Unsicherheitsvermeidung
Diese Dimension beschreibt den Umgang von Menschen mit Unsicherheit im
Leben. Manche Gesellschaften tendieren zu einer starken Unsicherheitsver-
meidung, andere zu einer eher schwachen Unsicherheitsvermeidung.
Um mit Ungewissheit und Unsicherheit umzugehen, haben Länder wie z. B.
Deutschland eine Palette an geschriebenen Regeln, Gesetzen und Vorschriften für
das Verhalten innerhalb der Gesellschaft. Hier wird Unsicherheit als eine ständige
Bedrohung betrachtet und empfunden. Das Bedürfnis und Verlangen nach Regeln
ist groß. Experten werden respektiert und geschätzt.
Gesellschaften mit einer schwachen Tendenz zur Unsicherheitsvermeidung
haben weniger Gesetze, Regeln und Kontrollen, und ihre Risikobereitschaft ist
größer. Sie tendieren dazu, ihr Schicksal in die Hände einer höheren Macht zu
legen. Unsicherheit ist Teil des Lebens, und Aggression darf man nicht zeigen.
Menschen werden zu Generalisten ausgebildet (Beniers 2006).

Maskulinität vs. Feminität
In „Culture's Consequences" analysiert Hofstede die Werte einer Gesellschaft
und definiert Maskulinität als die Dominanz von sogenannten „maskulinen" Werten wie Erfolg, Geld und Besitz. Feminität erklärt er als Tendenz in einer Gesellschaft zu „femininen" Werten wie Mitgefühl, sozialer Sinn, Toleranz. Typische
„feminine" Gesellschaften sind z. B. Skandinavien und die Niederlande. In maskulinen Gesellschaften sind die Geschlechterrollen sehr klar getrennt, Status
spielt eine große Rolle, während Mitgefühl z. B. eher eine untergeordnete Rolle
spielt. Typische maskuline Kulturen sind z. B. Deutschland, USA, und Japan.
Diese Dimension ist die am stärksten umstrittenste Dimension von Hofstede.

Kurzfristige vs. langfristige Orientierung
Die konfuzianische Lehre wird benutzt, um diese Dimension zu beschreiben. In
langfristig orientierten Kulturen wird viel Wert auf kulturelle Werte, Traditionen
und Loyalität gelegt. In kurzfristig orientierten Kulturen werden eher Gleichheit
und Individualität angestrebt (Hofstede 2001) (Hofstede et al. 2010).

Pragmatisch vs. normativ
Gesellschaften mit hohen „Nachsicht"-Werten ermöglichen ihren Mitgliedern
Befriedigung und Belohnung, z. B. das Leben genießen, Spaß haben, Emotionen
nachgeben. Gesellschaften, in denen Zurückhaltung einen großen Wert darstellt,
weisen mehr Regulierung im Leben der Menschen auf, die kontrollierter und eher
pessimistisch sein können.

2.6.3   Fons Trompenaars Dimensionen

Trompenaars Forschung basiert auf der Auswertung von Fragebögen aus verschiedenen Unternehmen weltweit. Die Forschung dauerte über 10 Jahre und die Ergebnisse wurden 1997 als Trompenaars and Hampden-Turners „Sieben-Dimensionen-Modell" in ihrem Buch „Riding the waves of Culture" veröffentlicht. Das Modell berücksichtigt die Präferenzen von Menschen: Weil jede Kultur ein bestimmtes Werte- und Denksystem hat, reagieren die Mitglieder der Gesellschaften unterschiedlich. Die Forscher haben Präferenzen unter den Sieben Dimensionen eingeordnet und dadurch die Unterschiede zwischen Angehörigen verschiedener Kulturen festgestellt (Trompenaars und Hampden-Turner 2012):

• universalistische vs. partikularistische Kulturen
• individualistische vs. kollektivistische Kulturen
• neutrale vs. emotionale Kulturen
• spezifische vs. diffuse Kulturen
• leistungsorientierte vs. askriptive Kulturen
• Einstellung zu Zeit
• Beziehung Mensch und Umwelt/Natur

Universalistische vs. partikularistische Kulturen
In universalistischen Kulturen stehen Regeln und Gesetze an erster Stelle, noch vor Beziehungen. In partikularistischen Gesellschaften sind Beziehungen wichtiger als Regeln. In der ersten Kultur gibt es klare Prozesse und Anweisungen und Entscheidungen können Zeit brauchen. In der zweiten Kultur reagieren Menschen je nach Situation und je nachdem, mit wem sie zu tun haben, unterschiedlich.

Individualistische vs. kollektivistische Kulturen
Das ist die Gegenüberstellung von Individuum und Gruppe. In individualistischen Gesellschaften glauben Mitglieder an Leistung, Freiheit, Selbstversorgung und Selbstverantwortung, während in kollektivistischen Gesellschaften der Schwerpunkt auf die Gruppe gelegt wird. Die Gruppe gibt Sicherheit, Loyalität wird verlangt.

Neutrale vs. emotionale Kulturen
In neutralen Gesellschaften sind Menschen kontrolliert und von der Vernunft bestimmt. Es wird erwartet, Emotionen vernünftig zu „managen". In emotionalen Gesellschaften zeigen Menschen ihre Emotionen.

Spezifische vs. diffuse Kulturen

Sogenannte spezifische Kulturen zeigen eine strikte Trennung zwischen privat und beruflich. Auch wenn gute Beziehungen wichtig sind, sollten sie keinen direkten Einfluss auf das berufliche Leben haben.

In den sogenannten „diffusen" Gesellschaften verläuft die Grenze zwischen privat und beruflich nicht nach scharfen Linien, sondern beide Bereiche überschneiden sich. Ohne gute persönliche Beziehungen sind keine Geschäfte möglich.

Leistungsorientierte vs. askriptive Kulturen

Diese Dimension hat mit Status und Leistung zu tun. Manche Gesellschaften legen Wert auf die persönliche Leistung und nicht auf den Status durch Familie oder Hierarchie. In anderen Gesellschaften kommt die Leistung nach Status und Familie.

Einstellung zur Zeit

Pünktlichkeit, Planung, Terminhaltung sind wichtig in Kulturen, in denen „Zeit Geld ist" und in denen Menschen stark nach Plan arbeiten. In anderen Gesellschaften sind Menschen flexibler und können an verschiedenen Aufgaben gleichzeitig arbeiten. Auf Pünktlichkeit wird weniger Wert gelegt.

Beziehung Mensch und Umwelt/Natur

Es gibt Gesellschaften, in denen Menschen fest daran glauben, dass sie ihre Umwelt kontrollieren können und ihre Ziele so erreichen. Andere glauben genau das Gegenteil: Die Natur bzw. die Umwelt kontrolliert den Menschen.

2.6.4 R.J. Houses Globe-Studie

Ein internationales Team um Professor Robert J. House von der Wharton School an der University of Pennsylvania entwickelte Ende der 90er-Jahre die „Globe Study", basierend auf Geert Hofstedes Forschungsergebnissen von 1980. Die Forschung dauerte 10 Jahre. 2004 wurden die Ergebnisse veröffentlicht (House et al. 2004).

Für die Studie wurden in 61 Ländern mehr als 18.000 Manager aus drei Industriezweigen befragt. 170 Wissenschaftler haben 9 verschiedene Kultur- und Verhaltensdimensionen benutzt, um die Ergebnisse zu vergleichen und daraus Schlüsse zu ziehen.

In der Globe-Studie werden 9 kulturelle Dimensionen identifiziert, darunter 6 von Hofstede. Die Studie baut auf den Ergebnissen von Hofstede (1980), Schwartz (1994), Smith und Peterson (1995), Inglehart (1997) und anderen Wissenschaftlern auf. Im Mittelpunkt der Studie stehen Führungsstile.

Die Dimensionen der Globe-Studie sind (Hoppe 2007):

• Machtdistanz
• Unsicherheitsvermeidung
• Humane Orientierung
• Kollektivismus (der Gruppe und des Individuums)
• Durchsetzungsvermögen
• Gender-Egalitarismus
• Zukunftsorientierung
• Leistungsorientierung

2.7   Kulturstandards

Oft werden Kulturunterschiede automatisch als negativ empfunden und als ein
Problem gesehen, das beseitigt werden muss. Die Wahrnehmung „negativ" oder
„positiv" unterscheidet sich allerdings sehr von Mensch zu Mensch, und auch
hier spielt Kultur eine Rolle.

> So antwortete z. B. ein finnischer Befragter, als wir nach Kulturunterschieden frag-
> ten, dass er nichts Negatives bemerkt hatte und dass es keine Probleme im Handel
> mit den Deutschen gibt (‚die sind ganz normal'). Dieser Gedanke, dass die Unter-
> schiede negativ sind, liegt daran, dass es sich bei kulturellen Unterschieden in der
> Regel um eine Abweichung vom gewohnten Verhalten, von der eigenen Norm,
> handelt; die Norm ist die eigene Kultur (das eigene Verhalten). Wenn die Normal-
> formerwartung nicht erfüllt wird, kann die Situation als problematisch und auch als
> unangenehm empfunden werden (Tiitula 1999).

Was wir als „normal" empfinden, sind unsere eigenen Kulturstandards. Meistens sind uns diese Kulturstandards nicht bewusst. Interkulturell kompetent sein
heißt, nicht nur über die Kulturstandards anderer informiert zu sein, sondern sich
auch der eigenen bewusst zu sein. Die Wahrnehmung, dass Kulturen sich unterscheiden, ohne deswegen besser oder schlechter zu sein, und dass Menschen
unterschiedlich handeln, ist die Bedingung dafür, eine erfolgreiche interkulturelle
Kommunikation etablieren zu können.

    Hinzu kommt, dass mit zunehmender Fremdsprachenkompetenz auch der
Anspruch an die interkulturelle Kompetenz steigt. Missverständnisse entstehen
verstärkt in Situationen, in denen der Sprecher der jeweiligen Fremdsprache zwar
über eine formal-sprachlich hohe Kompetenz verfügt, jedoch keine ausreichenden
Kenntnisse über Verhaltensnormen, Kommunikationsstil und Kontextuali-
sierungshinweise in der Zielsprachenkultur besitzt (Litters 1995).

Der Begriff „Kulturstandards" stammt von dem Psychologen Thomas. Damit will er Kultur als Orientierungsrahmen der Gesellschaft darstellen. Dieser Rahmen definiert das Denken, Fühlen und Handeln der Mitglieder einer Gesellschaft. Thomas schreibt, dass Wissen über die Kulturstandards einer Gesellschaft und auch Einfühlungsvermögen notwendig sind, um eine vorurteilsfreie Kommunikation pflegen und einander verstehen zu können. Durch Kulturstandards kann man viel über die Mentalität der Angehörigen einer Gesellschaft erfahren, da sie auf jeden Fall das Denken und die Werte der Mehrzahl der Menschen in dieser Gesellschaft reflektieren (Thomas 1993).

2.8   Aktuelle Forschung zur interkulturellen Kommunikation

Die Fülle an neuen Studien zur interkulturellen Kommunikation zeigt, wie wichtig das Thema ist. Im Folgenden werden vier Studien vorgestellt, die unterschiedliche Aspekte angehen, andere Ansätze haben und neue Einblicke in die Thematik anbieten.

Darla Deardoff
In dem Thesenpapier der Bertelsmann Stiftung (Deardoff 2006) beschreibt Deardoff interkulturelle Kompetenz folgendermaßen:

> Interkulturelle Kompetenz beschreibt die Kompetenz, auf Grundlage bestimmter Haltungen und Einstellungen sowie besonderer Handlungs- und Reflexionsfähigkeiten in interkulturellen Situationen effektiv und angemessen zu interagieren.

Zum ersten Mal wird die Wirkung von interkultureller Kompetenz im Bildungsbereich als Lernziel betrachtet. Deardoffs Studie fasst erste Forschungsergebnisse zusammen und zeigt, dass der Erwerb interkultureller Kompetenz einen komplexen Prozess bildet und nicht das Ergebnis von einem Auslandsaufenthalt oder einer Vorlesung sein kann.

Deborah Schnabel
Die in 2007 vorgelegte Dissertation der Psychologin Deborah Schnabel zeigt neue Konzepte im interkulturellen Bereich: Schnabel behandelt die Themen Globalisierung, Super-Diversity und Internationalisierung als Entwicklungen auf der Makro-Ebene. Sie beschäftigt sich mit interkulturellen Trainings und bietet ein neues „Zwiebelmodell" an, das auf „biegsame, formbare interkulturelle Kompetenzen" aufbaut (Schnabel 2015).

Joseph Shaules

Shaules stellt eine kognitive Perspektive zu den Fragen der Interkultur dar:

> Kognitive und kulturelle Neurowissenschaften geben Hinweise auf langjährige Rätsel wie: Was ist Kulturschock? Wie beeinflusst Kultur unsere Denkprozesse? Warum sind wir blind gegenüber unserer eigenen kulturellen Konditionierung? Was ist Voreingenommenheit? Kann kultureller Unterschied empirisch gemessen werden? Was bedeutet es, eine internationale Denkweise zu haben? (Shaules 2015).

Sein Buch „The Intercultural Mind" zeigt die neuen Einblicke und Wege in der heutigen Forschung im Bereich interkulturelles Wissen. Der Autor entfernt sich von dem System „Stereotypen" und führt uns in eine globalere Richtung für unser Verständnis von Kultur.

Seine Pionierarbeit beinhaltet keine Antworten auf diese Fragen, öffnet aber neue Perspektiven und Wege in der Betrachtung der interkulturellen Kommunikation – mithilfe der Neurowissenschaften und der Kulturpsychologie.

Zusammenfassung

In dem Kapitel haben Sie einen Überblick über Kultur als wesentlichem Teil der Kommunikation bekommen. Es gibt viele Theorien und Kulturmodelle, die den Rahmen dieses Kapitels sprengen würden, würden wir sie ausführlich betrachten und studieren. Wichtig ist dabei, die interkulturelle Kommunikation in der täglichen Arbeit mithilfe der Modelle und Dimensionen zu erklären. Auch sollte durch das Kapitel deutlich werden, dass Menschen auf vielen verschiedenen Wegen kommunizieren. Die Kommunikation ist manchmal von ihrer Kultur und deren Einflüssen abhängig, manchmal auch nicht. Eine starre Betrachtung und das Nutzen von Dimensionen und Standards sind nicht zielführend und dienen nur dazu, Stereotypisierung und Schubladendenken zu verstärken und Individuen nur als einen Teil von bestimmten Mustern zu sehen.

Fragen

1. „Ich bin, was ich bin.
   Ich kann sein, was ich will.
   Ich bin aus vielen Ichs gemacht.
   Ändern sie sich?"
   Reflektieren Sie Ihre eigenen Erfahrungswerte, und kommentieren Sie.
2. Welchen Wert hat ein Lächeln und in welchem Zusammenhang? Wie kann ein Lächeln oder ein Blickkontakt von wem interpretiert werden? Gibt es wirklich das sogenannte „asiatische Lächeln"?

3. Welche Normen und Werte beobachten Sie bei Ihrer täglichen Arbeit? Müssen Sie diese Normen manchmal verwerfen, weil es der Arbeitsalltag erfordert?
4. Was bedeutet für Sie „Identität"? Wie groß ist die Rolle, die Kultur in der Entwicklung und Bildung der Identität eines Menschen spielt?
5. Wie ist Ihre Einstellung zu Zeit und was bedeutet das in Ihrem Berufsalltag?

Literatur

Beniers, C. J. M. (2006). *Managerwissen kompakt*. München: Hanser.

Bolten, J. (2007). *Interkulturelle Kompetenz*. Thüringen: Landeszentrale für politische Bildung.

Bolten, J. (2014). The dune model – Or: How to describe cultures. *AFS Intercultural Link, 5*(1), 4–8. http://icllibrary.afs.org/cms/media/com_form2content/documents/c3/a816/f21/AFS%20Intercultural%20Link%20news%20magazine,%20volume%205%20issue%202.pdf. Zugegriffen: 29. Jan. 2018.

Bolten, J. (2015). *Einführung in die Interkulturelle Wirtschaftskommunikation* (2. Aufl.). Göttingen: UTB.

Davidson, W. H. (1982). *Global strategic management*. New York: Wiley.

Deardoff, D. K. (2006). *Interkulturelle Kompetenz – Schlüsselkompetenz des 21. Jahrhundert?* Thesenpapier der Bertelsmann Stiftung, Gütersloh.

El Kahal, S. (1994). *Introduction to international business*. Berkshire: McGraw-Hill.

EMIL (Europäisches Modularprogramm für Interkulturelles Lernen). (2006). Interkulturelle Kompetenz in der Grundschule. Handbuch. Sofia: Gefördert durch die Europäische Kommission im Rahmen von Socrates/Comenius 2.1. Initiiert durch das Institut für Interkulturelle Kommunikation an der Ludwig-Maximilians-Universität München. http://www.emil.ikk.lmu.de/deutch/Handbuch-EMIL-Volltext.pdf. Zugegriffen: 28. Jan. 2018.

Falcao, H. (2008). Cross cultural negotiations – Avoiding the pitfalls. Youtube Interview von Stuart Pallister on 28.04.2008. https://www.youtube.com/watch?v=-4GjC0ipJIA. Zugegriffen: 28. Jan. 2018.

Fang, T. (2003). A critique of Hofstede's fifth national culture dimension. *International Journal of Cross Cultural Management, 3,*347–368.

Galanti, G.-A. (2008). *Caring for patients from different cultures* (4. Aufl.). Philadelphia: University of Pennsylvania Press.

Haas, H. (2007). Probleme der kulturvergleichenden Umfrageforschung. *Interculture journal: Online-Zeitschrift für interkulturelle Studien 6*(5), 3–20. http://nbn-resolving.de/urn:nbn:de:0168-ssoar-45132. Zugegriffen: 28. Jan. 2018.

Hall, E. T. (1966). *The hidden dimension*. New York: Doubleday.

Hall, E. T. (1976). *Beyond culture*. New York: Anchor Books, Doubleday.

Hall, E. T. (1981). *The silent language*. New York: Anchor Books, Doubleday.

Hall, E. T. (1983). *The dance of life – The other dimension of time*. New York: Anchor Books, Doubleday.

Hall, E. T. (1990). *Understanding cultural differences*. Yarmouth: Intercultural Press.

Hofstede, G. (2001). *Culture's consequences: Comparing values, behaviors, institutions, and organizations across nations* (Zweite Aufl.). Thousand Oaks: Sage.

Hofstede, G., Hofstede, G., & Minkov, M. (2010). *Cultures and organizations: Software of the mind* (Überarbeitet u. erweitert Dritte Aufl.). New York: McGraw-Hill.

Hoppe, M. H. (2007). Culture and leader effectiveness: The globe study. http://www.inspireimagineinnovate.com/pdf/globesummary-by-michael-h-hoppe.pdf. Zugegriffen: 28. Jan. 2018.

House, R. J., Hanges, P. J., Javidan, M., Dorfman, P. W., & Gupta, V. (2004). *Culture, leadership, and organizations: The GLOBE Study of 62 Societies*. Thousand Oaks: Sage.

Inglehart, R. (1997). *Modernization and post-modernization: Cultural, economic, and political change in 43 Societies*. Princeton: Princeton University Press.

Keupp, H., Ahbe, T., Gmür, W., et al. (2002). *Identitätskonstruktionen. Das Patchwork der Identitäten in der Spätmoderne*. Hamburg: Rowohlt.

Keupp, H., & Höfer, R. (Hrsg.). (1997). *Identitätsarbeit heute*. Frankfurt a. M.: Suhrkamp.

Keupp, H. (2000). *Essay: Identität. Lexikon der Psychologie*. Heidelberg: Spektrum Akademischer Verlag. http://www.spektrum.de/lexikon/psychologie/identitaet/6968. Zugegriffen: 28. Jan. 2018.

Lewis, R. D. (1996). *When cultures collide*. London: Nicholas Brealey Publishing Ltd.

Lewis, R., & Hammerish, K. (2013). *Fish can't see water*. UK: Wiley.

Litters, U. (1995). *Interkulturelle Kommunikation aus fremdsprachendidaktischer Perspektive: Konzeption eines zielgruppenspezifischen Kommunikationstrainings für deutsche und französische Manager. Gießener Beiträge zur Fremdsprachendidaktik*. Tübingen: Gunter Narr.

Lüsebrink, H.-J. (2016). *Interkulturelle Kommunikation* (4. Aufl.). Stuttgart: J.B.Metzler.

Maalouf, A. (1998). *Les Identités Meurtrières*. Paris: Grasset Deutsche Ausgabe: (2000). Mörderische Identitäten. Frankfurt a. M.: Suhrkamp.

Maletzke, G. (1996). *Interkulturelle Kommunikation – zur Interaktion zwischen Menschen verschiedener Kulturen*. Opladen: Westdeutscher.

Müller, S., & Gelbrich, K. (2014). *Interkulturelle Kommunikation*. München: Vahlen.

Platon. (1958). Das Gastmahl oder von der Liebe. In der Übersetzung von Friedrich Schleier. Stuttgart: Reclam.

Rapaille, C. (2006). *The culture code*. USA: Broadway Books.

Rathje, S. (2003). Ist wenig kulturelles Verständnis besser als gar keins? Problematik der Verwendung von Dimensionsmodellen zur Kulturbeschreibung. *Interculture Journal* 2(4). http://www.interculture-journal.com. Zugegriffen: 13. Mai 2017.

Rose-Neiger, I. (2000). Workshop Interkulturelle Kommunikation. Mannheim 9.10.2000. http://docplayer.org/10165238-Prof-dr-ingrid-rose-neiger-interkulturelle-kommunikation-mannheim-9-10-2000-1-einleitung-2-der-begriff-kultur.html. Zugegriffen: 25. Jan. 2018.

Rothlauf, J. (2006). *Interkulturelles Management*. München: Oldenbourg.

Schleiermacher, F. (1957-1958). *Platon. Das Gastmahl oder Von der Liebe. In der Übersetzung von Friedrich Schleiermacher.* Stuttgart: Reclam

Schmitz, L. & Weber, W. (2014). Are Hofstede's dimensions valid? *Interculture Journal 13*(22), 11–25. http://www.interculture-journal.com/index.php/icj/article/view/226. Zugegriffen: 15. Jan. 2018.

Schnabel, D. (2015). *Intercultural competence: Development and validation of a theoretical framework, a cross-cultural multimethod test, and a collaborative assessment intervention.* Dissertation, Tübingen. https://publikationen.unituebingen.de/xmlui/handle/10900/64278. Zugegriffen: 23. Juni 2017.

Schreiber-Barsch, S., Jakobsone, A., Salling Olesen, H., Tuna, A., & Zeuner, C. (2005). *Politische Partizipation durch gesellschaftliche Kompetenz: Curriculumentwicklung für die politische Grundbildung. Identitätskompetenz/Interkulturelle Kompetenz. Socrates-Programm. Projekte zur Länderübergreifenden Zusammenarbeit. Grundtvig 1.* Flensburg: Universität Flensburg. http://www.nibis.de/uploads/2medfach/Identitaets-KompetenzA.pdf. Zugegriffen: 28. Jan. 2018.

Schwartz, S. H. (1992). Universals in the content and structure of values: Theory and empirical tests in 20 countries. In M. Zanna (Hrsg.), *Advances in experimental social psychology* (Bd. 25, S. 1–65). New York: Academic Press. http://dx.doi.org/10.1016/S0065-2601(08)60281-6. Zugegriffen: 15. Jan. 2018.

Schwartz, S. H. (1994). Beyond individualism/collectivism: New cultural dimensions of values. In U. Kim, et al. (Hrsg.), *Individualism and collectivism: Theory, methods, and applications.* Thousand Oaks: Sage.

Schwartz, S. H. (2012). An overview of the Schwartz theory of basic values. *Online Readings in Psychology and Culture, 2*(1). https://doi.org/10.9707/2307-0919.1116. Zugegriffen: 15. Jan. 2018.

Schwartz, S. H. & Sagiv, L. (1995). Identifying culture-specifics in the content and structure of values. *Journal of Cross-Cultural Psychology, 26*(1), 92–116. https://doi.org/10.1177/0022022195261007. Zugegriffen: 14. Jan. 2018.

Shaules, J. (2015). *The intercultural mind.* Boston: Intercultural Press.

Smith, P. B. & Peterson, M. F. (1995). *Beyond value comparisons: Sources used to give meaning to management work events in twenty-nine countries.* Paper presented at the annual meeting of the Academy of Management, Vancouver, Canada.

Thomas, A. (1996). *Interkulturelle Psychologie.* Göttingen: Hofgrefe.

Thomas, A. (1993). Psychologie interkulturellen Lernens und Handelns. In A. Thomas (Hrsg.), *Kulturvergleichende Psychologie* (S. 377–424). Göttingen: Hofgrefe.

Tiitula, L. (1999). Stereotype in interkulturellen Geschäftskontakten: Zu Fragen der deutsch-finnischen Geschäftskommunikation. In: J. Bolten (Hrsg.), *Cross Culture – Interkulturelles Handeln in der Wirtschaft, (Schriftenreihe Interkulturelle Wirtschaftskommunikation) Sondereinband* (S. 173–183). Praxis Sternenfels: Verlag Wissenschaft.

Touburg, G. (2016). National habitus: An antidote to the resilience of Hofstede's "national culture"? *Journal of Organizational Change Management, 29*(1), 81–92. https://doi.org/10.1108/JOCM-11-2015-0219. Zugegriffen 5. Jan. 2018.

Trompenaars, F., & Hampden-Turner, C. (2012). *Riding the waves of culture: Understanding diversity in global business* (3. Auflage. Erste Auflage 1998). UK: Nicholas Brealey International.

Organisationskultur in der Gesundheitswirtschaft

Wie Sie in Kap. 1 lesen konnten, besteht die Gesundheitswirtschaft aus unterschiedlichen Organisationen. So gibt es z. B. im Kernbereich der Gesundheitswirtschaft, der ambulanten und stationären Versorgung, überschaubare Einrichtungen: Krankenhaus, Pflegeeinrichtung, Arzt- und Zahnarztpraxis, therapeutische Praxis, Apotheke und Rehabilitationseinrichtung. In den anderen Bereichen der Gesundheitswirtschaft sind die Organisationen meist größer. Beispielsweise erstreckt sich die pharmazeutische Industrie als Zulieferer über verschiedenen Regionen. Forschungseinrichtungen, die z. B. einen Randbereich der Gesundheitswirtschaft darstellen, können organisationskulturell eher der Forschung und der Entwicklung zugeordnet werden als der Gesundheitswirtschaft. In diesem Kapitel liegt daher der Fokus auf der Organisationskultur in der ambulanten und stationären Versorgung. Zunächst werden Sie einen Überblick über die Organisationskultur allgemein erhalten und erfahren, welchen Stellenwert die Kultur in Einrichtungen der Gesundheitswirtschaft hat. Jede Organisation hat auch Subkulturen, deren Zusammenspiel in der Gesamtorganisation nicht immer reibungslos funktioniert. Diese Subkulturen generieren sich aus den unterschiedlichen Berufsgruppen oder der Herkunftskulturen der Beschäftigten. Die größten Differenzen werden zwischen den Generationen bemerkbar, insbesondere in der Gesundheitswirtschaft. In einem extra Kapitel werden die verschiedenen Kulturen von der Generation Z bis zur Generation Babyboomer kurz vorgestellt und auf die Gesundheitswirtschaft bezogen. In einem weiteren Kapitel beschäftigen Sie sich mit dem Wandel der Gesundheitswirtschaft durch die Digitalisierung. Der Wandel findet auf verschiedenen Ebenen statt: Sowohl die Kommunikation, die Arbeitsweise als auch die Behandlungsmethoden profitieren von der Digitalisierung in der Gesundheitswirtschaft.

© Springer Fachmedien Wiesbaden GmbH, ein Teil von Springer Nature 2018   55
C. Walter und Z. Matar, *Interkulturelle Kommunikation in der Gesundheitswirtschaft,* https://doi.org/10.1007/978-3-658-20241-5_3

3.1 Organisationen und Kultur

Jede Organisation hat ihre eigene Kultur, d. h. „(…) unverwechselbare Vorstellungs- und Orientierungsmuster, die das Verhalten der Mitglieder nach innen und außen auf nachhaltige Weise prägen" (Schreyögg 1996). Wenn wir uns noch einmal vor Augen führen, was Kultur ausmacht, so geben Werte der Gruppe Orientierung. Dadurch unterscheidet sich eine Gruppe von der anderen. Dies trifft auf Gruppen im Privatleben ebenso zu wie auf Organisationen, die nicht nur von Strukturen vorbestimmt werden, sondern auch von Menschen.

Zunächst muss geklärt werden, was eine Organisation überhaupt ist. Der Organisationspsychologe Edgar Schein schreibt dazu: Die Organisation ist die „(…) rationale Koordination der Aktivitäten mehrerer Menschen (…), die sich durch Arbeitsteilung und eine gewisse Autoritätshierarchie ein bestimmtes, explizit genanntes Ziel zur Aufgabe machen" (Schein 1980).

Wenn Sie jedoch die technologischen und politischen Veränderungen in der Gesundheitswirtschaft, den Fachkräftemangel und die Migrationsbewegungen betrachten, so wird deutlich, dass die Organisation immer komplexer wird. Eine Organisation kann sich nicht vom Umfeld abschotten, sondern ist immer systemtheoretisch zu betrachten (Schein 1980).

Systemtheoretische Modelle
Im Folgenden sind die wichtigsten systemtheoretischen Modelle, auf die sich Edgar Schein bezieht, kurz dargestellt:

- Das Soziotechnische Tavistock-Modell, das Technologie, Beschäftigte und Organisation als Kombination für eine erfolgreiche Arbeitsorganisation sieht.
- Beim Homans-Modell existiert das soziale System durch ein physisches (Gelände, etc.), ein kulturelles (Werte und Normen) und ein technologisches Umfeld. Das Umfeld beeinflusst die Interaktionen der Menschen des Systems und wird daher als externes System bezeichnet. Die Interaktionen der Menschen erzeugen Empfindungen – je häufiger die Interaktionen sind, desto positiver sind die Gefühle. Dies gilt auch vice versa. Diese Verhaltensmuster sind sogenannte interne Systeme und informelle Organisationen. Diese internen und externen Systeme sind voneinander abhängig. Das bedeutet, dass mit Einführung einer neuen Technologie die Interaktion zwischen den Beschäftigten beeinflusst wird, was wiederum eine Wirkung auf die Gefühle und Empfindungen hat (vgl. Schein 1980, S. 141 ff.).
- Aufbauend auf die beiden Modelle beschreibt Schein das Likertsche Organisationsmodell, in dem die Organisation als System ineinander verwobener Gruppen definiert wird. Die Verknüpfung erfolgt durch Mitglieder von zwei oder mehreren dieser Gruppen. Darunter sind auch die Subgruppen eines Systems, formale und informelle Arbeitsgruppen. Aber es gibt auch Bindeglieder zwischen dem System und der Umwelt, welche die Veränderungen mit dem größten Einfluss erwirken können (vgl. Schein 1980, S. 144 ff.).

Schein bezieht sich bei seiner Erklärung von Organisation auf unterschiedliche systemtheoretische Modelle, die nicht nur die Interaktion mit der Umwelt darstellen, sondern auch die Funktion von Subsystemen erklären (Schein 1980):

▶ **Definition**

1. **Organisationen** sind offene Systeme, die permanent mit dem jeweiligen Umfeld interagieren.
2. **Organisationen** haben als System Zwecke und Funktionen, die wiederum die Interaktion mit der Umwelt beinhalten. Um die Subsysteme verstehen zu können, ist die Berücksichtigung der Interaktionen und Funktionen notwendig.
3. Die **Subsysteme** der Organisationen stehen in dynamischer Interaktion zueinander.
4. Verändert sich das eine **Subsystem,** hat dies Auswirkungen auf das andere Subsystem. Denn Systeme sind voneinander abhängig.
5. **Organisationen** müssen in ihrem dynamischen Umfeld betrachtet werden. Auch das Umfeld besteht aus größeren und kleineren Organisationen.

Organisationen sind nie in sich geschlossene und statische Einheiten, sondern verändern sich je nach internen und externen Einflüssen.

Am Beispiel der Gemeinschaftspraxis mit Allgemeinärzten wird die systemtheoretische Ausprägung deutlich: Je nach Stadtteil muss eine Praxis unterschiedlich agieren. Gibt es in dem Stadtteil einen hohen Anteil an Familien, so findet die Interaktion eher persönlich und vormittags statt als bei einer Praxis in einem Stadtteil mit einem hohen Anteil an berufstätigen Personen. Im letzteren Fall muss die Praxis dann bis in den Abend geöffnet bleiben. Daran wird auch der zweite Punkt deutlich: Die Arztpraxis hat den Zweck, die Versorgung des Stadtteils zu gewährleisten. Dann gib es in der Arztpraxis die Gruppe der Ärzte und die der Medizinischen Fachangestellten. Möglicherweise ist noch ein Labor angegliedert, was eine dritte Gruppe und damit ein weiteres Subsystem darstellt (Punkt 3). Verändert sich nun ein Subsystem, z. B. durch eine personelle Veränderung bei den Medizinischen Fachangestellten, so hat dies Einfluss auf die Arbeit der Allgemeinmediziner (Punkt 4).

Wenden wir uns wieder dem dynamischen Umfeld (Punkt 5) zu, so wird deutlich, dass eine Gemeinschaftspraxis mit anderen Organisationen, wie einem naheliegenden Krankenhaus oder einer weiteren Allgemeinarztpraxis, in der Wechselwirkung steht.

Die Organisation und die Gruppen bzw. Subsysteme werden von ihrer Kultur geprägt. Die Organisationskultur ist damit eine Art Persönlichkeit einer Organisation – sie wird durch Verhalten und Haltung sichtbar. Sobald neue Beschäftigte in eine Organisation eintreten, kann dies die Gruppenstruktur verändern (Schein 2004).

Und doch ist die Organisationskultur durch eine strukturelle Stabilität gekennzeichnet. Strukturelle Stabilität wird durch die Identität einer Gruppe bestimmt. Selbst wenn Gruppenmitglieder die Gruppe verlassen, bleibt die Kultur bestehen. Diese Stabilität einer Kultur ist wichtig, damit die Gruppenmitglieder die Bedeutung einer Gruppe und deren Vorhersehbarkeit erkennen. Dies ist auch der Grund, aus dem sich die Kultur in einem Veränderungsprozess so schwer ändern kann. Die Kultur einer Gruppe liegt tief, d. h. sie besteht meistens unbewusst und ist daher weniger greifbar bzw. sichtbar als andere Bereiche einer Organisation. Je tiefer etwas in einer Organisation verankert ist, desto stabiler ist es. Wenn versucht wird, die Kultur einer Organisation zu beschreiben, dann entstehen eher Manifeste.

Kultur breitet sich in der Regel über alle Bereiche einer Gruppe aus: Aufgaben, interne Prozesse und die Umgebung einer Gruppe werden von der Gruppenkultur beeinflusst. Die Rituale, das Klima, die Werte und das Verhalten einer Gruppe bilden zusammen ein kohärentes Gesamtbild. Dies entwickelt sich aus einem menschlichen Bedürfnis, die Welt zu ordnen und ihr einen Sinn zu geben. Nicht selten haben die Vorstellungen, Ziele, Werte und Annahmen des Gründers zur Kultur einer Organisation geführt (Schein 2004). Krankenhäuser beispielsweise bestehen in der Regel seit mehr als 100 Jahren und haben – bei kirchlichen Trägern meist von Nonnen oder Diakonissen gegründet – historisch gewachsene Werte. Sobald Werte und Glaubenssätze als „normal" angenommen werden, gehören diese zur Identität einer Gruppe. Diese nicht mehr verhandelbaren Werte nennt Schein „Annahmen". Nach Schein ist die Kultur einer Gruppe ein Muster geteilter Basisannahmen, die von ihr gelernt wurden, um sich erfolgreich an ihre Umwelt anzupassen und intern zu integrieren. Neuen Mitgliedern wird beigebracht, wie die bestehenden Mitglieder wahrnehmen, denken und fühlen, um Probleme zu lösen.

Innerhalb der Gruppen einer Organisation muss nicht immer eine integrierte Kultur vorherrschen, sondern auch unterschiedliche Werte und Glaubenssätze können vorkommen. Eine unzureichende Stabilität der Organisationsmitglieder, keine gemeinsame Geschichte oder zu viele unterschiedliche Subgruppen mit unterschiedlichen gemeinsamen Erfahrungen können zu Konflikten und zu Ambiguität innerhalb der Organisation, aber auch innerhalb einer Person führen. Denn eine Person kann auch verschiedenen Gruppen angehören (Schein 2004).

Unterschiedliche Kulturen in Organisationen sind nicht nur im Vergleich bestimmter Branchen, wie z. B. der Gesundheitswirtschaft mit der Autoindustrie, zu erkennen, sondern auch in Krankenhäusern mit unterschiedlicher Trägerschaft. So kann ein Krankenhaus in kommunaler Trägerschaft andere Werte (z. B. die wohnortnahe Versorgung aller Bürger) als ein Krankenhaus in kirchlicher Trägerschaft (z. B. Nächstenliebe) haben. Doch unabhängig von der Trägerschaft sind die Werte in den Berufsgruppen sehr ähnlich. Denn in den Berufsrichtungen werden nicht nur fachliche Fähigkeiten erlernt, sondern auch Werte und Normen, die wiederum die jeweilige Kultur in dem Berufsstand prägen. So werden Pflegekräfte oft durch ihre Werte Empathie und Fürsorge und den Glaubensgrundsatz, „für den Patienten sorgen" zu wollen, in ihrer Arbeit geleitet. Diese aus den Werten und Glaubensgrundsätzen entwickelten Annahmen bleiben selbst dann bestehen, wenn eine Person nicht mehr in der Berufsgruppe tätig ist. Sie werden durch gemeinsames Arbeiten und Weiterbilden verstärkt.

Schein hat das Modell der Kulturebenen entwickelt. Unter Ebenen versteht er das Ausmaß, an dem Kultur für den Beobachter sichtbar wird (Schein 2004). Da in diesem Modell sichtbare und nichtsichtbare Ebenen dargestellt werden, bietet sich der Vergleich mit einem Eisberg an. In Abb. 3.1. sehen Sie die drei Ebenen einer Organisationskultur: die sichtbaren Artefakte und die unsichtbaren bzw. nicht auf den ersten Blick sichtbaren Werte und Annahmen.

Oberhalb der Wasseroberfläche liegen die Artefakte, die für alle Beschäftigten (auch diejenigen, die der Gruppe/Organisation neu beitreten) sichtbar, hörbar und fühlbar sind. Zu den Artefakten gehören die Architektur, die Sprache, die Technik, die Produkte, die Berufskleidung, Umgangsformen, Geschichten über die Organisation, das geschriebene Leitbild, Rituale und Zeremonien. Aber auch

Abb. 3.1 Modell der Kulturebenen. (Quelle: Eigene Darstellung nach Schein 2004, S. 25)

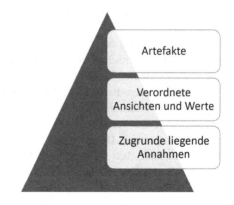

Organigramme, Stellenbeschreibungen und die Handlungsanweisungen sind Hinweise auf die Kultur einer Organisation. Die Artefakte können zwar leicht beobachtet und beschrieben werden, doch die Bedeutung dieser für die jeweilige Gruppe wird erst erkennbar, wenn auch die Werte und Annahmen dieser Organisation klar sind. Dabei darf nicht von eigenen Annahmen ausgegangen werden, da diese zu völlig unterschiedlichen Interpretationen führen können (Schein 2004).

Die verordneten Ansichten und Werte liegen – um bei der Metapher des Eisbergs zu bleiben – unter der Wasseroberfläche, können aber bei klarem Wasser, also bei klaren Strukturen, gesehen werden. Die Ansichten, Werte und Verhaltensweisen einer Organisation sind in der Regel so artikuliert, dass sie als normative Richtung in Schlüsselmomenten und für neue Mitarbeiter gelten. Insbesondere in schwierigen und unsicheren Momenten gelten sie als Leitstern. Diese Ansichten und Werte sind meistens eine Vorhersage für das Verhalten, das als Artefakt zu sehen ist. Werden sie nicht erlernt, sondern übergestülpt, so können die Beschäftigten zwar die Ansichten und Werte berichten, doch sie handeln nicht danach (Schein 2004). In Einrichtungen der Gesundheitswirtschaft werden die Ansichten und Werte in der Strategie, den Zielen und Leitbildern deutlich. Daher ist es sinnvoll, wenn die Leitbilder immer zusammen mit den Beschäftigten entwickelt werden, damit sie danach handeln.

Ansichten und Werte sind nur dann Teil der Organisationskultur, wenn sie mit den zugrunde liegenden Annahmen kongruent sind. Auf dieser Ebene gibt es keine sichtbaren Dokumente oder Verordnungen für ein bestimmtes Verhalten, sondern unbewusste Annahmen, Wahrnehmung, Ansichten, Perspektiven. Gedanken und Gefühle sagen den Beschäftigten, worauf sie Rücksicht nehmen müssen, welche Vorgänge was bedeuten, wie sie emotional auf etwas reagieren und wie sie sich unbewusst in bestimmten Situationen verhalten sollen. Diese Annahmen einer Gruppe bilden die DNA der Organisationskultur. Wird diese deutlich, können auch die darüberliegenden Ebenen verstanden werden (Schein 2004).

Am Kulturmodell von Schein wird deutlich, wie Kultur in den Einrichtungen der Gesundheitswirtschaft zu verstehen ist. So befinden sich auf der obersten Ebene die sichtbaren Verhaltensweisen, wie z. B. die Interaktion zwischen Ärzten, Medizinischen Fachangestellten, Therapeuten und Pflegekräften, die verwendete Medizintechnik und Rituale wie Betriebsfeiern. Auf der mittleren Ebene liegen die verordneten Werte wie Freundlichkeit, Wertschätzung oder Technik-Verliebtheit. Die zugrunde liegenden Annahmen sind nicht sichtbar und so tief verankert, dass sie nicht mehr hinterfragt werden (Blanquet 2013). Dazu gehört z. B. die Anwendung von Palliativpflege, die Linderung von Leid in den letzten Tagen des Lebens.

3.2   Subkulturen in Organisationen

In größeren Einrichtungen, wie z. B. in einem Krankenhaus oder einer Pflegeeinrichtung, kann nicht von einer einheitlichen Kultur ausgegangen werden. Ab einer bestimmten Organisationsgröße unterscheidet sich die Kultur von Subgruppen. Diese sog. Subkulturen bilden dann die gesamte Kultur einer Organisation ab (Schein 2004).

Subkulturen entstehen aus formalen und informellen Gruppen. Eine Ansammlung von Menschen ist dann eine Gruppe, wenn deren Mitglieder miteinander interagieren, sich der anderen bewusst sind und sich als Gruppe wahrnehmen. In einer Organisation können bewusst dauerhafte oder zeitlich begrenzte Gruppen gebildet werden, indem sie ein gemeinsames Ziel verfolgen und bestimmte Aufgaben erfüllen müssen. Ebenso gibt es in einer Organisation informelle Gruppen, die sich dann bilden, wenn die Beschäftigten Bedürfnisse und Interessen haben, die durch die formale Gruppe nicht bedient werden. Beispielsweise gibt es horizontale Gruppen, die sich innerhalb einer Hierarchieebene bilden, vertikale Gruppen, die sich über Hierarchieebenen hinweg, aber innerhalb einer Abteilung bilden, und gemischte Gruppen, die sich über die gesamte Organisation erstrecken können. Bei der letztgenannten Gruppe sind die gemeinsamen Interessen außerhalb der Organisation anzusiedeln. Darunter fallen z. B. die Zugehörigkeit zu einer Religionsgemeinschaft, das Ausüben eines bestimmten Hobbies oder ein gemeinsames Lebenskonzept (Schein 2010).

In einem Krankenhaus gibt es formale Berufsgruppen, unter anderem Ärzte, Pflegekräfte und Therapeuten. Diese Gruppen bestehen dauerhaft und haben ihre Werte durch ihre Ausbildung und ihre berufliche Sozialisation verinnerlicht. Aus diesem Grund ist die Kommunikation mit anderen Gruppen manchmal schwierig, da andere Ziele und Werte den Berufsalltag bestimmen. Ebenso gibt es informelle Gruppen, die sich z. B. zum Fußballspielen treffen oder die Gemeinschaft der Muslime im Krankenhaus bilden.

Organisationen haben auch starke und schwache Kulturen: Bei einer starken Organisationskultur teilen möglichst viele Mitglieder die Orientierungsmuster und Werte. Bei einer schwachen Kultur haben die Mitglieder unterschiedliche Normen und Vorstellungen. Eine schwache Organisationskultur kommt vor allem bei Organisationen mit Subkulturen vor, die Organisation ist demnach von einer kulturellen Diversität geprägt (Schreyögg 1996). Hier wird die Interkulturalität deutlich: Angehörige einer bestimmen Kultur finden sich in der Regel zu einer informellen Gruppe zusammen. Werden z. B. in einem Pflegeheim mehrere Fachkräfte aus Kasachstan angeworben, bilden diese meist eine Gruppe, da sie ähnliche Werte und Orientierungsmuster haben. Insbesondere in der Zeit, in der kasachische Pflegekräfte im Pflegeheim neu beginnen, werden sie sich aller Voraussicht nach zu einer Subkultur zusammenfinden.

Beispiel

Bei einem ambulanten Pflegedienst arbeiten drei nordkoreanische Pflegekräfte, die in den 70er-Jahren angeheuert wurden. Selbst nach mehr als 40 Jahren sprechen sie immer noch gebrochen Deutsch und die älteren Patienten verstehen sie sehr schlecht. Auf die Nachfrage der neuen Pflegedienstleitung, ob sie nie einen Deutschkurs besucht haben, antworten sie, dass sie diesen abgebrochen hätten, weil der Arbeitgeber dies nicht für notwendig hielt. Nach und nach erfährt die Pflegedienstleitung, dass die nordkoreanischen Pflegekräfte immer nur unter sich geblieben sind und kaum Kontakt zu den Kollegen gehabt haben.

Das ist ein sehr extremes und zum Glück seltenes Beispiel für die Bildung von Subgruppen. Eine Subgruppe kann auch zu einer Ghettobildung führen, die für den Spracherwerb und damit für die Interaktion mit Patienten und Kollegen schädlich ist.

Eine Organisation kann jedoch auch Subkulturen fördern und damit formalisieren, indem sie z. B. eine russische Gruppe gründet, die für Heimbewohner mit ähnlichen Wurzeln ein Stück Heimat bietet. Denn in ein anderes Land, in eine andere Kultur zu migrieren, bedeutet nicht, die ursprüngliche Sprache und Kultur aufgeben zu müssen. Im Gegenteil, eine bestimmte Subgruppe kann auch gezielt eingesetzt werden, wie das folgende Beispiel zeigt.

Beispiel

So berichtet Nadine M., Qualitätsbeauftragte in einem Pflegeheim, dass russischsprachige und polnisch sprechende Kollegen von Vorteil sind. Gerade wenn Angehörige von Spätaussiedlern zu Besuch kommen, die selbst nicht so gut Deutsch sprechen, dienen diese Pflegekräfte als Dolmetscher und kulturelle Vermittler.

Beim Thema Berufsgruppen wird die Macht der Subkultur besonders deutlich: Obwohl neue Beschäftigte in die Kultur bewusst und unbewusst eingeführt werden, bringen sie durch ihre Sozialisation in ihrem Beruf und ihre Präferenz für diesen Beruf ihre jeweils eigene Kultur mit (Schein 2004). So haben Ärzte durch ihre Motivation, Leben zu retten und Krankheiten zu heilen, eine andere Kultur verinnerlicht als Medizincontroller, deren Motivation es ist, dass die Behandlung korrekt abgerechnet wird. Informationen werden von Ärzten überwiegend in einer Face-to-Face-Situation übermittelt. Dabei steht die Qualität der Informationsübermittlung im Vordergrund. Bei Medizincontrollern sind Informationen quantifizierbar und können im PC zwischengelagert werden.

Manche Einrichtungen der Gesundheitswirtschaft sind über verschiedene Stadtteile verteilt. Durch diese geografische Unterteilung haben sich über die Jahre Subkulturen mit ihren eigenen Werten, Annahmen und Artefakten gebildet. Schein beschreibt die geografische Unterscheidung, wenn die einzelnen Niederlassungen in unterschiedlichen Ländern untergebracht sind (Schein 2004). Doch auch Stadtteile in großen Städten unterliegen unterschiedlichen Kulturen, die die jeweilige Subkultur der Einrichtungen prägen können – zumal die Patienten und Beschäftigten vorwiegend in diesem Stadtteil leben.

Expandieren Organisationen, so entwickeln sie in der Regel mehrere Produkte, erschließen verschiedene Märkte und haben unterschiedliche Typen von Kunden. Dies hat ebenfalls unterschiedliche Subkulturen zur Folge, denn verschiedene Kunden erfordern unterschiedliche Kommunikationsstile und die Produktentwicklung erfordert möglicherweise andere Berufsgruppen mit einer anderen Sozialisation (Schein 2004).

Bei einer Vielzahl von Subkulturen ist es schwierig, einen gemeinsamen kulturellen Rahmen zu finden, eher gelingt eine Mischung der Werte. Dies kann so weit gehen, dass nicht mehr von einer Organisationskultur, sondern von einer Schnittmenge von Subkulturen gesprochen werden kann. Doch es gibt übergreifende Orientierungsmuster. Mitglieder können zu verschiedenen Subkulturen gehören und somit ist auch bei vielen Subkulturen eine Hauptkultur möglich. Denn die Überschneidungen durch die Mitglieder bilden wiederum Gemeinsamkeiten von Subkulturen.

Beispiel

Ein Krankenhaus wird in ein anderes Krankenhaus in der Region integriert. Das integrierte Krankenhaus hat zwei große Abteilungen mit Naturheilkunde und Altersmedizin, das andere Krankenhaus eine große Psychiatrieabteilung. Obwohl die Beschäftigten durch ihre Ausbildung bzw. ihr Studium ähnlich sozialisiert wurden und daher ähnliche Werte und Normen haben, werden in den unterschiedlichen Abteilungen andere Menschenbilder gelebt. Auch haben die beiden Krankenhäuser durch ihre Strukturen und Gewohnheiten, die sich über die Jahre hinweg entwickelt haben, jeweils eine eigene Organisationskultur. In der Integrationsphase gilt es daher, die Subkulturen der beiden Krankenhäuser zu identifizieren. Was sind die zugrunde liegenden Annahmen, welche Werte und Normen sind gewachsen oder wurden sogar verordnet? Nur an den Organigrammen, Betriebsfeiern und Handlungsanweisungen sind die

Unterschiede deutlich sichtbar. Die weiteren Unterschiede in der Haltung und den Werten sind nicht auf den ersten Blick erkennbar. Um die Kultur des jeweils anderen Krankenhauses besser kennenzulernen, hat der Krankenhausträger ein „Willkommensfest" für alle Beschäftigten beider Krankenhäuser organisiert. So entsteht schon einmal eine Offenheit für die jeweils andere Kultur und Grundannahmen und Werte werden eher sichtbar.

So sehr eine gemeinsame Organisationskultur gewünscht ist und die Integration ausländischer Fachkräfte gefordert wird, sind Subkulturen normal und gehören zu einer diversen Organisationskultur. Eine Unternehmensleitung kann ein Stück weit Subkulturen fördern, in dem diese für alle Beschäftigten offengelegt werden. Jedoch muss klar sein, dass sich auch informelle Subgruppen bilden, die ihre eigene Kultur leben.

3.3   Organisationskultur und Generationen

Ein aktueller Trend bei der Personalgewinnung und Personalführung ist die Berücksichtigung der unterschiedlichen Generationen. Generationen haben durch ihre Sozialisation in den unterschiedlichen Zeitaltern entsprechende Wertvorstellungen und Verhaltensmuster erworben. Diese haben z. B. einen großen Einfluss auf das Führungsverständnis, die Arbeit im Team, den Umgang mit Technologie und die Arbeitszeiten. Beispielsweise verliert ein Firmenwagen zunehmend an Statuswert, während flexible Arbeitszeiten aktuell zu erfolgreichen Anreizsystemen gehören.

Im Folgenden werden die einzelnen Generationen in den Unternehmen vorgestellt. In der Literatur werden dabei die Abgrenzungen anhand der Jahreszahlen unterschiedlich vorgenommen.

Babyboomer (zwischen 1945 und1965 geboren)
Die Generation der Babyboomer ist in der Nachkriegszeit geboren worden. Oft sind die Väter im Krieg gefallen, sodass die Kriegstraumata noch spürbar sind. Diese Generation hat aber auch das Wirtschaftswunder, die Verbreitung der Autos und der Reisen erlebt. Diese materiellen Annehmlichkeiten wurden durch Leistung und den Zusammenhalt in der Gruppe ermöglicht. Daher werden Beschäftigte dieser Generation auch gerne „Workaholics" genannt, da die Arbeit über Leistung definiert wird. Teamfähigkeit, Gleichberechtigung und Fairness sind weitere Werte, die diese geburtenstarke Generation prägen. So sehen sich die Beschäftigten als Teil des Kollektivs, in dem Loyalität nicht nur zu Kollegen,

sondern auch zu den Vorgesetzten und dem Unternehmen eine große Rolle spielt. Die Loyalität im Unternehmen bedeutet auch, dass die Beschäftigten oft ihre gesamte Beschäftigungszeit über in einem Unternehmen bleiben. Wird ihnen gekündigt, so bricht für die Beschäftigten dieser Generation nicht nur deswegen eine Welt zusammen, weil sie mit einer lebenslangen Sicherheit gerechnet haben, sondern auch, weil sie sich auch dem Unternehmen verschrieben haben. Überstunden sind keine Seltenheit, daher erwarten die Babyboomer auch die Gegenleistung der beruflichen Sicherheit. Diese Generation trennt außerdem strikt Beruf und Familie. Nicht selten bleibt die Frau mit dem ersten Kind zu Hause und tritt erst dann wieder ins Berufsleben ein, wenn das jüngste Kind aus dem Haus ist (Murphy 2011; Klaffke 2014; Bruch et al. 2010; Joester 2014).

Generation X (zwischen 1966 und 1980 geboren)
Douglas Coupland hat in seinem gleichnamigen Buch den Namen dieser Generation geprägt. Eine sehr gute Ausbildung, doch prekäre Anstellungsverhältnisse und damit weniger Wohlstand als ihre Eltern prägen diese Generation. Nicht wenige haben im Ausland studiert und merken, dass Beschäftigungsverhältnisse nicht auf Dauer ausgelegt sind (Coupland 1991). Und doch sind ihnen Werte wie Struktur, Wohlstand, Sicherheit und Zielorientierung wichtig, die auf eine vertikale Karriere ausgerichtet sind. Nicht selten sind die Anhänger der Generation X die heutigen Führungskräfte und arbeitende Mütter. Florian Illies beschreibt diese Generation in Deutschland als die unkritische Generation „Golf", die sich vor allem durch Hedonismus und Markenbewusstsein auszeichnet (Illies 2000). Qualität und Image ist dieser Gruppe wichtig, daher hängt die Wahl des Arbeitgebers auch von seinem Image ab. Die Anstellung bei der Charité wird z. B. gegenüber der Anstellung in einem Kreiskrankenhaus bevorzugt.

Generation Y (zwischen 1981 und 1995 geboren)
Die Nachfolgegeneration erhielt den Namen mit dem nächsten Buchstaben. Da sie kurz vor der Jahrhundertwende geboren sind, werden die Angehörigen dieser Generation auch als „Millennials" bezeichnet. Sie sind ebenso wie die Beschäftigten aus ihrer Vorgängergeneration hochqualifiziert, möchten diese Qualifikation aber auch in sinnstiftender Arbeit einbringen können. Die Werte dieser Generation sind Engagement, Leistung, Unabhängigkeit, Mitbestimmung und Authentizität. Flexible Arbeitszeiten werden konkret eingefordert, zumal Gleichstellung zwischen den Geschlechtern nun auch im Arbeitsleben deutlich werden soll. Da die Arbeit als Möglichkeit zur Selbstverwirklichung gesehen wird, ist ein regelmäßiges Feedback durch den Vorgesetzten wichtig. Diese Generation ist mit verschiedenen Arten von Computern aufgewachsen, das Smartphone ist regelmäßiger Begleiter, daher sind

Vertreter dieser Generation auch eher zu Multitasking fähig als die Generationen vor ihnen (Murphy 2011; Klaffke 2014; Bruch et al. 2010; Joester 2014).

Diese Werte werden auch in den folgenden Umfragen unter Ärzten deutlich (Buxel 2009): Eine Zufriedenheits-Umfrage unter 729 Assistenzärzten und Medizinstudenten, die hauptsächlich zur Generation Y gehören, ergab, dass ungefähr die Hälfte mit dem Arbeitsplatz zufrieden ist. Die restlichen Assistenzärzte, die unzufrieden sind, klagen vorwiegend über:

- Stress (57,2 %)
- zu wenig Freizeit (54,6 %)
- zu geringe Bezahlung und fehlender Freizeitausgleich (49,6 %)
- zu wenig Fort- und Weiterbildung (46,8 %)

So wird deutlich, dass Freizeitausgleich und Weiterentwicklung der Kompetenzen und Qualifikationen Werte sind, die Ärzte und angehende Ärzte der Generation Y im Krankenhaus nicht immer vorfinden.

Diese Ergebnisse decken sich mit einer Untersuchung von Salehin und Schmidt, die die Bedürfnisse der Generation-Y-Ärzte im städtischen Klinikum Köln untersuchten: So wünschen sich 96 % der Ärzte eine wertschätzende Führung, die vor allem durch eine Vorbildfunktion und Feedbackkultur von Führungskräften gelebt wird. Auch ein familienfreundliches Krankenhaus wird von 89 % der Ärzte gewünscht (Salehin und Schmidt 2011).

Generation Z (ab 1992 geboren)
Diese Generation tritt erst in das Berufsleben ein, daher können nur vage Aussagen über deren Werte in Bezug auf die Arbeit in der Organisation getroffen werden. Dieser Generation wird jedoch schon jetzt nachgesagt, dass sie eine sehr geringe Loyalität gegenüber ihrem Arbeitgeber hat und sich eine Führungskraft ihre Autorität nicht durch die Position im Unternehmen, sondern durch ihre Kompetenz und Erfahrung erarbeiten muss. Diese Generation arbeitet mit unterschiedlichen Kulturen sowohl in Inland als auch im Ausland zusammen, was in Bezug auf Toleranz und Diversität deutlich wird (Murphy 2011; Klaffke 2014; Bruch et al. 2010; Joester 2014).

Generationenübergreifende Teams
Die Arbeit in Teams mit Vertretern unterschiedlicher Generationen bedeutet, dass unterschiedliche Werte, Bedürfnisse und Arbeitseinstellungen aufeinandertreffen.

Die größten Unterschiede gibt es bei den Bedürfnissen in Bezug auf Arbeits-verpflichtungen und Ruhephasen. Wo es bei Ärzten der Babyboomer-Generation noch üblich war, 24-Stunden-Dienste zu absolvieren, sind Nachwuchsärzte nur noch in Ausnahmefällen dazu bereit, die gesetzlich vorgeschriebenen Ruhephasen zwischen zwei Schichten zu umgehen. Dies führt unweigerlich zu Konflikten, weil der jüngeren Generation vorgeworfen wird, sie sei „nicht belastbar" und nicht „teamfähig". Diese unterschiedlichen Einstellungen der Work-Life-Balance bedeuten auch, dass männliche Kollegen einfordern, ihre Kinder rechtzeitig von der Kita abzuholen zu können und in Teilzeit arbeiten zu wollen.

Facharztweiterbildungen können in manchen Krankenhäusern auch in Teil-zeit absolviert werden. In der Generation der Babyboomer und in Generation X konnte eine Facharztausbildung von Müttern meistens nur mit der Hilfe von Großeltern und Tagesmüttern ermöglicht werden. Mittlerweile unterstützen Krankenhäuser und Arztpraxen Mütter und Väter in der Facharztweiterbildung durch Teilzeit und Kinderbetreuung. Nichtsdestotrotz kann die Berücksichtigung der Work-Life-Balance der Generation Y zu Unmut bei den anderen Generatio-nen im Team führen. Die Beschäftigten der Babyboomer und Generation Y fühlen sich im Nachteil, da sie „immer zurückstecken" und an Feiertagen arbeiten müs-sen. Hier werden wieder die unterschiedlichen Kulturen der Generationen deut-lich: Die eine Generation hält es für selbstverständlich, dass die Beschäftigten mit kleinen Kindern zu den erforderlichen Zeiten frei bekommen, die andere Genera-tion hat sich damals „auch durchgebissen" und selbst nach Betreuungsmöglich-keiten gesucht, um ihre Teamkollegen nicht im Stich lassen zu müssen.

Anhand des Eisbergmodells können auch die Kulturen der Generationen und die Konfliktpotenziale dargestellt werden (Abb. 3.2).

Die sichtbaren Merkmale der Kultur einer Generation bzw. deren Artefakte sind Arbeitszeiten, Sprache, Büro und Kleidung. Je jünger die Generation, desto legerer ist die Arbeitskleidung. Der Babyboomer-Generation ist ein Einzelbüro sehr wichtig, während die Generationen Y und Z sagen: „Wo der Laptop ist, ist auch der Arbeitsplatz." Auch die Flexibilität der Arbeitszeit ist ein Merkmal einer Generation. So wie der Babyboomer-Generation und der Generation X geregelte Arbeitszeiten wichtig sind, sehen die nachfolgenden Generationen ein Vermischen von Arbeit und Freizeit als in Ordnung an. Weniger sichtbar sind die Werte, die die Generationen durch ihre jeweilige Sozialisation internalisiert haben und die selten abgelegt werden: Vor allem in Freizeitverhalten, Loyali-tät, Leistung und Selbstverwirklichung unterscheiden sich die Generationen. Doch Beschäftigte können auch Werte annehmen, wie z. B. Diversity und Wert-schätzung. Die Grundannahmen werden nur dann deutlich, wenn man nach ihnen

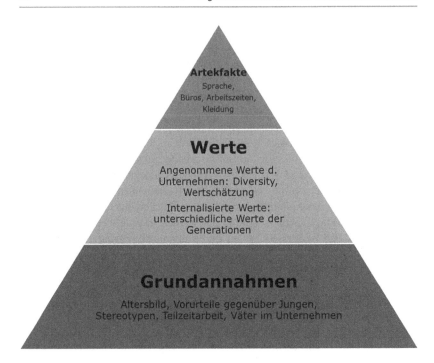

Abb. 3.2 Generationenübergreifende Teams. (Quelle: Eigene Darstellung in Anlehnung an Schein 1970)

forscht. Wie das folgende Beispiel zeigt, werden Stereotypen in bestimmten Aussagen deutlich.

Beispiel

Ein Krankenhaus ist in seiner Familienfreundlichkeit zertifiziert. Bei der zweiten Re-Zertifizierung wurden insbesondere die Organisationskultur und das Führungsverhalten in Bezug auf Familienfreundlichkeit überprüft. Eine Stationsleitung kommentierte säuerlich: „Jetzt gehen auch noch die Väter in Elternzeit!" Sie würde ihre Haltung gegenüber Elternzeit und Vätern nie öffentlich formulieren. Doch hatte sie in dieser Situation vermutlich den Dienstplan und den Fachkräftemangel vor Augen.

Grundannahmen wie Altersbild und Vorurteile sind fest verankert. Um sich der eigenen Stereotypen und Vorurteile bewusst zu werden, ist der Implizierte

Assoziationstest der Harvard University auf https://implicit.harvard.edu/implicit/germany/ geeignet. Der Test deckt die eigenen Grundannahmen (Abb. 3.2) in unterschiedlichen Bereichen auf, wie z. B. Geschlecht, sexuelle Ausrichtung und Alter. Sind sich die Beschäftigten der eigenen Vorurteile bewusst, sind die nächsten Schritte Sensibilisierungstrainings und eine kompetenzorientierte Sichtweise bei der Einstellung von Personal und bei Weiterentwicklungsmöglichkeiten.

3.4 Digitalisierung und Organisationskultur

Begriffe wie Digital Natives oder Digital Immigrants sind mittlerweile im allgemeinen Sprachgebrauch angekommen. Sie beschreiben die Selbstverständlichkeit der Computernutzung oder die Aneignung von Computerkenntnissen in den verschiedenen Generationen. Da die Generationen Y und Z mit Computern und mobilen Endgeräten wie Smartphones und Tablets aufgewachsen sind (daher werden sie „Digital Natives" genannt), ist es auch selbstverständlich für sie, diese in Organisationen zu verwenden. Auch die Organisationskultur wird stark durch digitale Medien beeinflusst und umgekehrt. Der Grad der Beeinflussung hängt von den Nutzern, vom Einsatz der Medien und davon ab, inwieweit die Organisation die Digitalisierung zulässt Unumstritten ist, dass die Digitalisierung die Arbeit erleichtern kann: Ein digitales Datenformat ermöglicht es, Informationen schnell und kostengünstig an viele Personen zu verbreiten, zu archivieren, zu verändern und mit anderen Daten und Medien zu verknüpfen (Döring 2003).

Diese Möglichkeiten nutzt auch die Gesundheitswirtschaft – sie werden unter dem Begriff E-Health subsumiert: E-Health umfasst die Anwendung von Geräten, die Erhebung, Verarbeitung und Speicherung von gesundheitsrelevanten Daten und die Kommunikation mit allen Akteuren in der Gesundheitswirtschaft. Darunter fällt z. B. die Kommunikation zwischen Arzt und Patient in der Telemedizin. Oder es können Fachkräfte der Gesundheitswirtschaft durch Virtual Reality angelernt und weitergebildet werden. Die digitale Vernetzung erleichtert die Arbeitsprozesse und damit auch das Wissensmanagement. Gerade die Gesundheitswirtschaft ist von Expertenorganisationen geprägt, in denen das Wissen in Netzwerken verteilt und gespeichert werden kann. Kollaborative Netzwerke ermöglichen den Austausch von Wissen und die schnelle Einarbeitung von neuen Kollegen (Klauß und Mierke 2017).

Ebenfalls zur Gesundheitswirtschaft zählen Gesundheitsportale wie „netdoktor", in denen sich Ratsuchende und Ratgebende zu Gesundheitsthemen virtuell austauschen. Hier findet oft schon eine Vorentscheidung darüber statt, ob ein Gesundheitsanbieter aufgesucht wird.

Mit informierten Patienten kann die Behandlung dann auf einer anderen Ebene erfolgen. Diese Kommunikation bedeutet für Ärzte, Pflegekräfte und Therapeuten oft einen Kulturwandel, nach dem sie nicht mehr die Rolle des Experten übernehmen, sondern die Rolle des Koordinators oder Begleiters.

Häufig recherchieren Patienten Wirkungen und unerwünschte Wirkungen von Medikamenten im Internet. Die Daten, die dann die Patienten im Internet hinterlassen, können – zusammengetragen aus vielen Suchaktionen – zu einem Gesundheitsprofil ausgewertet werden. Die Gesundheitsdaten sind für Krankenkassen und Pharmaindustrie willkommen, um das Gesundheitsverhalten der Menschen zu analysieren (Klauß und Miercke 2017).

Auch wenn Ärzte über einen großen Wissens- und Erfahrungsschatz verfügen, ist dieser begrenzt. Intelligente Maschinen können z. B. die Symptome eines Patienten mit seiner gespeicherten Krankengeschichte und unzähligen Forschungsergebnissen abgleichen. So erhält der Patient eine individuelle Diagnose. Doch diese Maschinen werden nicht vollständig die Erfahrung und Reaktionsfähigkeit von Ärzten in unvorhergesehenen Momenten ersetzen (Klauß und Miercke 2017). Die Zusammenarbeit von Medizin und Datenverarbeitung gehört nichtsdestotrotz mehr und mehr zum Arbeitsalltag und wird die Kultur in den Krankenhäusern beeinflussen. Ein kulturelles Merkmal von Leistungen in der Gesundheitswirtschaft ist die Sensibilität im Umgang mit Daten. Beispielsweise erfolgen bildgebende Verfahren im Krankenhaus mittlerweile digital und die Ergebnisse werden anderen Abteilungen übermittelt. Die Datenübertragung erfolgt dabei nach strikten Regeln der Datensicherheit.

Bei sicheren Verbindungen können auch Experten außerhalb des Krankenhauses und der Praxis diagnostizieren und Therapien anordnen. Bei den meist sensiblen Patientendaten ist eine sichere Datenübertragung unerlässlich. Sogenannte Virtual Private Networks (VPN) ermöglichen z. B. eine relativ sichere Verbindung zwischen dem Büro-Server bzw. dem Büro-Rechner und einem mobilen Endgerät außerhalb des Büros. Diese Möglichkeit kommt dem Flexibilitätswunsch mancher Beschäftigten und Organisationen entgegen. So können Arbeitszeiten und Arbeitsort frei gewählt werden. An der Nutzung digitaler Medien und der Kommunikation, die daraus entsteht, wird nicht nur die Organisationskultur deutlich, sondern sie kann diese möglicherweise auch ändern. Wenn Beschäftigte z. B. trotz technischer Möglichkeiten nur im Büro arbeiten dürfen, kann dies ein Hinweis auf die Grundannahmen der Organisation sein: Sollen die Beschäftigten lieber unter Kontrolle bleiben? Wie groß ist das

Vertrauen in die Beschäftigten, dass sie sich im Home-Office nicht durch Haushalt, Haustiere oder Nachbarn ablenken lassen?

Je stärker ausgeprägt die Hierarchie in der Organisation ist, desto weniger Vertrauen ist üblich. Krankenhäuser gelten als stark hierarchische Organisationen – vom Chefarzt zum Assistenzarzt und von der Pflegedirektorin zur Pflegehilfskraft. Netzwerke, in denen die Kommunikation auch ohne Einhaltung der Hierarchiestufen stattfinden kann, können jedoch zur Aufweichung der Hierarchie führen.

Die Digitalisierung ermöglicht zwar eine Entlastung in der Informationsverarbeitung und der Zusammenarbeit. Doch die damit einhergehende Informationsflut und die Erwartung einer schnellen Reaktion können bei manchen Beschäftigten zur Überforderung führen (Döring 2003). Gerade in der Gesundheitswirtschaft, in der über eine massive Arbeitsverdichtung geklagt wird, können nicht nur die Menge an Informationen, sondern auch kontinuierlich neue technische Geräte und Programme die Beschäftigten überfordern.

Computernetzwerke sind auch Kulturräume mit eigenen Regeln, Werten, Normen und Gewohnheiten, die das Verhalten der Nutzer bei der Kommunikation beeinflussen (Döring 2003). Werden diese in die Organisationen transportiert, so können Parallel-Kulturen entstehen. Dies wird auch in der Kommunikation mit unterschiedlichen Generationen deutlich. So wie die Babyboomer-Generation vorwiegend Face-to-Face kommuniziert, also das persönliche Gespräch vorzieht, schreiben Vertreter der Generation X gerne E-Mails. Die Generation Y nutzt hingegen am liebsten Online-Dienste wie WhatsApp (Klauß und Mierke 2017).

Die Unterschiede in der synchronen (Face-to-Face) und asynchronen (E-Mail) Kommunikation bedeuten eine unterschiedliche Kommunikationskultur. In E-Mails können beispielsweise keine nonverbalen und paraverbalen Signale vermittelt werden. Emotionen können höchstens in Worten verfasst, weniger durch Gesichtsausdrücke vermittelt werden. Auch sind Nutzer von digitalen Medien durch die Anonymität – und weil der Gesprächspartner ihnen nicht gegenübersitzt – eher enthemmt, was zu antisozialem Verhalten führen kann (Döring 2003). Wertschätzende Kommunikation wird dann eher in der Face-to-Face-Situation möglich. Auch sind in E-Mails Missverständnisse wahrscheinlich, da die Wahrnehmung des Absenders eine veränderte soziale Wirklichkeit ermöglicht (Döring 2003). Sitzt der Absender dem Adressaten nicht gegenüber oder kann der Adressat die Stimme nicht am Telefon hören, so kann ein eigenes Bild des Absenders entstehen, was nicht immer ein positives Bild sein muss.

Die Kommunikation über Medien ermöglicht auch eine digitale Speicherung der Kommunikationsmuster. So können Sprachaufkommen und Sprachmelodien mittels Analysealgorithmen die Kommunikationsbeziehung auswerten (Klauß und Mierke 2017). Diese Auswertungen können die Kommunikationskultur in einer Organisation positiv beeinflussen, indem die Beschäftigten ein Feedback zur ihrem Kommunikationsverhalten erhalten und Standards erarbeitet werden. So sind z. B. Teams dann erfolgreich, wenn

- sich Teammitglieder beim Reden anschauen,
- sie genauso lange zuhören, wie sie selbst reden,
- auch außerhalb von Meetings miteinander kommunizieren (Kucklick 2016).

Dieses Beispiel zeigt, welchen großen Einfluss die Digitalisierung auf die Organisationskultur und insbesondere auf die Kommunikation hat.

Zusammenfassung

Dieses Kapitel hat gezeigt, dass interkulturelle Kommunikation nicht nur die Kommunikation zwischen verschiedenen Kulturen bedeutet, sondern auch innerhalb einer Organisation stattfindet. Die Organisationskultur ist nur schwer greifbar. In der Regel sehen wir nur einen Teil der Kultur. Die Grundannahmen und Werte einzelner Personen und Gruppen werden nur durch Reflexion und durch genaues Hinschauen sichtbar. Je größer eine Organisation ist, desto mehr Subkulturen entwickeln sich nicht nur nach der Kultur der einzelnen Mitarbeiter, sondern auch nach Berufsgruppen, Interessen und Lebenskonzepten. Den Subkulturen gemeinsam sind die Werte, nach denen die Mitglieder der einzelnen Subkulturen leben. Insbesondere die Vertreter der Generationen haben unterschiedliche Werte, die nicht selten zu Meinungsverschiedenheiten führen. Dies wird vor allem beim Thema der Digitalisierung in den Organisationen deutlich. Generell trägt die Digitalisierung zu einem Kulturwandel in den Organisationen bei: Die Kommunikation zwischen den Akteuren und zwischen den Leistungserbringern und den Leistungsempfängern ändert sich. So wie eine Vernetzung Hierarchien auflöst, die Trennung von Privatleben und Arbeit verschwindet, so fühlen sich Patienten immer kompetenter darin, ihre Gesundheit selbst zu managen.

Da sich Organisationskulturen nur langsam ändern, sind die konkreten Auswirkungen der Digitalisierung auf die Kultur noch nicht deutlich erkennbar. Es bleibt spannend!

Fragen

1. Beschreiben Sie die Kultur der Organisation, in der Sie arbeiten: Welche Artefakte sind deutlich erkennbar, welche Werte können Sie erkennen und welche Grundannahmen vermuten Sie? Zeichnen Sie die Organisationskultur als Eisbergmodell nach den Kulturebenen in Abb. 3.1.

2. Denken Sie an die Abteilung, Praxis, etc., in der Sie arbeiten. Welche Subkulturen finden Sie dort vor und welche Werte haben diese Subkulturen? Kommt es durch (vielleicht) unterschiedliche Werte zu Konflikten?

3. Können alle Personen, die in einem bestimmten Zeitalter leben, einer bestimmten Generation zugeordnet werden? Gehören also alle Personen, die z. B. 1970 geboren sind, zur Generation X?

4. Welche Art der digitalen Transformation erleben Sie in Ihrer Einrichtung der Gesundheitswirtschaft?

5. Diskutieren Sie folgende Aussage einer Pflegekraft „Mittlerweile meinen die Patienten, sie kennen sich besser aus als die Ärzte." Welche Werte und Grundannahmen hat die Pflegekraft, die durch diese Aussagen deutlich werden?

Literatur

Blanquet, H. M. v. (2013). Unternehmenskultur und Kulturentwicklung. In J. F. Debatin, A. Ekkernkamp, B. Schulte, & A. Tecklenburg (Hrsg.), *Krankenhausmanagement* (2. Aktualisierte und erweiterte Aufl., S. 69–72). Berlin: MWV.

Bruch, H., Kunze, F., & Boehm, S. (2010). *Generationen erfolgreich führen: Konzepte und Praxiserfahrungen zum Management des demographischen Wandels.* Wiesbaden: Gabler.

Buxel, H. (2009). Arbeitsplatz Krankenhaus: Der ärztliche Nachwuchs ist unzufrieden. Deutsches Ärzteblatt, 106. https://www.aerzteblatt.de/archiv/65949/Arbeitsplatz-Krankenhaus-Der-aerztliche-Nachwuchs-ist-unzufrieden.

Coupland, D. (1991). *Generation X: Geschichten für eine immer schneller werdende Kultur.* München: Goldmann.

Döring, N. (2003). *Sozialpsychologie des Internet* (2. Aufl.). Göttingen: Hogrefe.

Illies, F. (2000). *Generation Golf: Eine Inspektion* (4. Aufl.). Berlin: Argon.

Joester, A. (2014). Die vier erwerbstätigen Generationen – eine Typologie. *HR Today, 6,* 20–23.

Klaffke, M. (Hrsg.). (2014). *Generationen-Management: Konzepte, Instrumente, Good-Practice-Ansätze.* Wiesbaden: Springer Gabler.

Klauß, T. H., & Mierke, A. (2017). *Szenarien einer digitalen Welt – Heute und morgen. Wie die digitale Transformation unser Leben verändert.* München: Hanser.

Kucklick, C. (2016). *Die granulare Gesellschaft. Wie das Digitale unsere Wirklichkeit auflöst.* Berlin: Ullstein.

Murphy, M. (2011). *Exploring generational differences among millennials, gen xers and babyboomers: Work values, manager behaviours expectations, and the impact of manager behaviour on work engagement.* Ann Arbour: UMI Dissertation Publishing.

Salehin, J., & Schmidt, Ch. (2011). Herausforderung für das strategische Krankenhausmanagement der Zukunft: Generation Y. *Das Krankenhaus, 4,* 342–346.

Schein, E. H. (1970). *Organizational psychology.* New Jersey: Prentice Hall.

Schein, E. H. (1980). *Organisationspsychologie.* Wiesbaden: Gabler.

Schein, E. H. (2004). *Organizational culture and leadership* (3. Aufl.). San Francisco: Wiley.

Schein, E. H. (2010). *Organisationskultur.* Bergisch Gladbach: EHP.

Schreyögg, G. (1996). *Organisation. Grundlagen moderner Organisationsgestaltung.* Wiesbaden: Gabler.

Die Gesundheitswirtschaft in ausgewählten Ländern: USA, VAE und China

4

In diesem Kapitel erhalten Sie einen Einblick in die Gesundheitswirtschaft dreier Staaten, in denen Interkulturalität ein fester Bestandteil in der Versorgung von Patienten ist: die Vereinigten Staaten von Amerika (USA), die Vereinigten Arabischen Emirate (VAE) und die Volksrepublik China. Sie werden die Entwicklung und einzelne Aspekte der Gesundheitswirtschaft kennenlernen. Dabei möchten wir aufzeigen, wie die einzelnen Länder den gesellschaftlichen Herausforderungen, insbesondere der Alterung und der Migration, begegnen. Während die USA eine lange Tradition der Immigration hat, wird in China innerhalb des Landes migriert. In den VAE ist die Immigration zwar allgegenwärtig, doch ein neues Phänomen, das das Zusammenleben unterschiedlicher Kulturen herausfordert. Hintergrundinformationen über diese drei Staaten können sowohl zum Verständnis von Beschäftigten und Patienten aus diesen Ländern beitragen, als auch das Interesse an einer Beschäftigung in diesen Ländern erzeugen oder intensivieren. Die USA – und mittlerweile auch die VAE – sind begehrte Arbeitsorte, da das Gehaltsniveau über dem in Deutschland liegt. Vorausgesetzt, die Abschlüsse in Deutschland werden dort anerkannt. Und ein Arbeitsaufenthalt in China kann zu einer Erweiterung des Horizonts führen.

4.1 Gesundheitswirtschaft in den USA

4.1.1 Krankenversicherung in den USA

Viele Europäer glauben, dass in den USA Personen ohne Krankenversicherung keine Krankenversorgung erhalten. Die meisten Krankenhäuser haben jedoch eine

© Springer Fachmedien Wiesbaden GmbH, ein Teil von Springer Nature 2018
C. Walter und Z. Matar, *Interkulturelle Kommunikation in der Gesundheitswirtschaft,* https://doi.org/10.1007/978-3-658-20241-5_4

Notaufnahme, die Notfallpatienten aufnehmen müssen – egal ob mit oder ohne Krankenversicherung. Sobald sich der Zustand des Patienten stabilisiert hat und eine Therapie erfolgt, wird nur diese in Rechnung gestellt. In ihrem Buch „Das Gesundheitssystem der USA: Governance – Strukturen staatlicher und privater Akteure" nimmt die Professorin für Gesundheitswirtschaft Manuela Cacace das US-Gesundheitssystem unter die Lupe und liefert wertvolle Informationen über ein hochkompliziertes System. Dieses System beschreibt sie als eine „Vielzahl von Teilsystemen", deren Finanzierung halb privat und halb öffentlich ist (Cacace 2011, 2017).

In den USA gibt es private und öffentliche Versicherungen. Mehr als 54 % der erwerbstätigen US-Bürger sind über ihren Arbeitgeber versichert. Dadurch erhalten die Arbeitgeber steuerliche Vergünstigungen und die meisten Großkonzerne nutzen diese Möglichkeit, um ihre Mitarbeiter zu versichern. Für kleinere Unternehmen ist das weniger interessant. Da Arbeitnehmer auch einen Teil der Versicherung durch den AG selber zahlen müssen, können sich viele das nicht leisten und lehnen den Schutz ab. Hohe Prämien sind in der Regel der wichtigste Grund dafür, warum es keinen Versicherungsschutz gibt (Barnett und Berchick 2017).

In Tab. 4.1 sehen Sie eine Zusammenstellung der wichtigsten Programme in den USA vor Obamacare.

Medicare, Medicaid und CHIP waren keine verpflichtenden Krankenversicherungen. In der Regel wurden nur bestimmte Zielgruppen in das Programm aufgenommen, das auch nicht alle Leistungen abdeckte.

Im März 2010 unterzeichnete Präsident Obama das „Patient Protection and Affordable Care Act", auch „Affordable Care Act (ACA)" genannt. Jedoch gibt es auch viele kritische Stimmen zum Affordable Act, im Volksmund gerne „Obamacare" genannt (Moll 2016). Die Idee hinter dieser Krankenversicherung ist, dass verschiedene Versicherungen an der Börse gehandelt werden und dann die Verbraucher diese Versicherungen vergleichen können. So soll Wettbewerb zwischen den Anbietern entstehen und die Prämien gedrückt werden. Jedoch haben sich zu wenig US-Bürger an der Börse beteiligt, sodass manche Versicherungsanbieter von der Börse verschwunden sind und die anderen Anbieter die Preise drastisch erhöht haben. Letztendlich haben nur ältere Bürger einen Vertrag unterzeichnet, während die Jungen lieber ohne Versicherung bleiben und eine milde Strafe bei Nichtunterzeichnung der Krankenversicherung in Kauf nehmen. So sind nur 12 Mio. US-Bürger durch den Affordable Act krankenversichert, 20 Mio. sind immer noch ohne Versicherung (Lemphul 2015).

Tab. 4.1 Die wichtigsten Krankenversicherungen bis 2010. (Quelle: Barnett und Berchick 2017; Cacace 2017; Statistisches Bundesamt 2017; Healthcare Government o. J.)

Programm	In Kraft getreten	Zielgruppe	Leistungen
Medicare	1965	Rentner und Behinderte	Krankenhauskosten. Medikamente, Pflegekosten Teilleistungen durch den Arbeitgeber Hohe Zuzahlungen
Medicaid	1965	Einkommensschwache, Alleinstehende Schwangere, etc.	Fürsorgeprogramm Bund/Einzelstaaten
CHIP Children's Health Insurance Program	1997	Kinder aus mittellosen Familien	Routine-Check-Up Impfungen Arztbesuche Verschreibungen Zahn- und Augenarztbesuche Ambulante und stationäre Versorgung im Krankenhaus Laborleistungen und Röntgenaufnahmen Notfallversorgung

Die Republikaner haben unter Präsident Trump 2017 versucht, Obamacare abzuschaffen, womit sie in beiden Kongresskammern knapp gescheitert sind. Donald Trump hat angekündigt, Ende 2018 eine Steuerreform durchzuführen, bei der auch der Affordable Act ausgesetzt werden soll (Winkler 2017).

Für tiefer gehende Informationen zur Krankenversicherung in den USA empfehlen wir den Artikel von Barnett und Berchick (2017).

4.1.2 Pharmazeutische Industrie und Medizintechnik

Die wachsende Bevölkerung in den USA, die Alterung der Gesellschaft und die rasante Verbreitung von Zivilisationskrankheiten wie Diabetes, Übergewicht und Bluthochdruck beeinflussen auch das Wachstum der Pharmazeutischen Industrie und des Medizinmarktes in den USA.

Nach Angaben des US Census Bureau wird die US-Bevölkerung bis 2060 kontinuierlich zunehmen. Die Gruppe der 65+ wächst überdurchschnittlich und täglich feiern ca. 10.000 Baby-Boomer ihren 65. Geburtstag. In dieser Bevölkerungsgruppe leiden ca. 80 % der Senioren an einer chronischen Krankheit wie Diabetes oder Herzinsuffizienz. 50 % der Senioren erleiden sogar zwei chronische Erkrankungen (Schmitt-Saussen 2017).

Pharmazeutische Industrie
Der US-Pharmamarkt gilt als der größte der Welt. Nach einem Bericht des IQVIA Instituts wurden 2016 insgesamt 450 Mrd. US$ ausgegeben.

Das Wachstum verlangsamte sich seit 2016 und die Ausgaben für neue Medikamente gingen zurück, auch wenn der breitere Zugang zu Versicherungen und Generika dazu führte, dass Patienten mehr Arzneimittel verwendeten. Voraussichtlich werden die Ausgaben für Medikamente bis 2021 bis zu US$ 400 Milliarden betragen. Der Wettbewerb auf dem Markt verschärft sich, und der Wettbewerb unter den Herstellern wird intensiver. Nach dem Bericht wurden 2016 die Kosten durch Preisnachlässe und Preiszugeständnisse um 28 % gemindert (IQVIA Institute 2017).

Medizintechnik
Auch für die Medizintechnik ist der US-Markt der größte der Welt, mit einem hohen Wachstumspotenzial (Germany Trade and Invest 2016b). Durch die Alterung der Gesellschaft, den höheren Lebensstandard und den technischen Fortschritt steigt der Bedarf rasant.

Im Vergleich zu 2013 nahm der Verkauf von deutschen Produkten in den USA in 2014 zu (2,7 %) und erreichte ein Volumen von 4,2 Mrd. EUR (4,6 Mrd. US$). In den USA wächst zwar die Bevölkerung, aber sie altert auch, was die Nachfrage für Röntgengeräte, Prothesen, orthopädische Produkte und Technik, dazu Elektrodiagnosegeräte stark erhöht (Germany Trade and Invest 2016a).

4.1.3 Krankenhäuser in den USA

Die Krankenhausbranche ist in den USA eine sehr bedeutende Komponente der Gesundheitswirtschaft (BLS 2017). In den US-Krankenhäusern arbeiten mehr als 5,7 Mio. Menschen und diese Krankenhäuser kaufen jährlich Dienstleistungen und Waren für insgesamt 852 Mio. US$ (708 Mio. EUR) ein. Gesamtwirtschaftlich gesehen hängen noch viel mehr Arbeitsplätze an der Krankenhausbranche. Mit Zulieferern unterstützt die Krankenhausbranche ca. 16 Mio Arbeitsplätze.

Anders ausgedrückt: Einer von neun Arbeitsplätzen steht mit der Krankenhausbranche in Verbindung (American Hospital Association 2017a). Die Patienten in den USA sind sehr international. So schreibt die Kinderärztin Rasha S. über ihre Erfahrungen in einem Krankenhaus in Washington, D.C., dass viele spanischsprechende Patienten behandelt werden. Diese Patienten, die in den USA auch als „Hispanics" bezeichnet werden, stammen aus Mittel- und Südamerika. Aber auch Patienten mit einem kulturellen Hintergrund aus Äthiopien, Vietnam und Europa werden vereinzelt behandelt. Für die spanischsprechenden Patienten ist ein Dolmetscher permanent vor Ort, für andere Sprachen waren Dolmetscher nur per Telefon verfügbar.

4.1.4 Beschäftigte in der US-amerikanischen Gesundheitswirtschaft

If the United States is a melting pot, the cultural stew still has a lot of lumps (Frater Ernesto 2009).

Auch wenn die USA Menschen aus einer Vielzahl verschiedener Kulturen beschäftigt, so gibt es ein paar Kulturen, denen es nie erlaubt wurde, wirklich amerikanisch zu werden. Dennoch ist der Unterschied zu anderen Staaten auf der Welt der, dass die USA die Fähigkeit haben, verschiedene Kulturen zu einer Art Eintopf zusammenzuführen, ohne dass diese ihre Identität völlig verwerfen müssen, bloggt Frater Ernesto (2009).

Die USA sind eine sehr diverse Gesellschaft, und diese Diversität wird in Zukunft noch zunehmen. Die demografischen Herausforderungen der nächsten Jahre werden von dieser Gesellschaft verlangen, dass sie mehr Menschen mit diversen Religionen, sexuellen Orientierungen und Behinderungen integriert. Nur so kann der neue demografische Wandel gelingen (Galanti 2008).

Das American Health Institut für Diversität im Gesundheitswesen vermutet, dass bis 2042 weiße bzw. kaukasische US-Amerikaner nur noch 47 % der Gesamtbevölkerung bilden, während z. B. die Bevölkerungsgruppen der Afroamerikaner und Lateinamerikaner wachsen werden und eine größere Rolle spielen. Deshalb hat die American Hospital Association (AHA) das Versprechen abgegeben, sich auf die Diversität einzustellen. Die „AHA #123 Pledge for Equity Campaign" (American Hospital Association 2017b) setzt folgende Schwerpunkte auf ihre Agenda:

- die Sammlung und Verwendung von Daten zu Geschlecht, ethnischer Zugehörigkeit und Sprachpräferenzen steigern;
- die Zahl kultureller Kompetenztrainings erhöhen;
- die Vielfalt in Führung stärken.

Bis Februar 2017 haben mehr als 1447 Krankenhäuser und 60 staatliche und großstädtische Krankenhäuser dieses Versprechen abgegeben (American Hospital Association 2017c).

Wenn wir die Diversität in Einrichtungen in Deutschland betrachten, so fällt auf, dass zwar die patientennahen Berufe wie Ärzte und Pflegekräfte immer diverser werden, die Führungspositionen jedoch zum Großteil immer noch von deutschen Männern besetzt werden.

Warum findet diese zunehmende Sensibilisierung in den USA statt? Sie beruht auf der pragmatischen Überlegung, den Ansprüchen und Herausforderungen einer diversen Bevölkerung gerecht zu werden. Die unterschiedlichen Werten und Perspektiven der Bevölkerung erfordern ebenso diverse Beschäftigte, um die eigenen Werte und Perspektiven über Gesundheit reflektieren zu können.

Über ihre Zeit in der Kinderklinik in Washington, D.C. schreibt Rasha:

> (…) over my time there we recruited more international or mixed physicians e.g Trinidad, Jamaica, or originally from Ethiopia, Iran, Nigeria. I would argue that by the time I left, most of the physicians had at least a mixed background.

Erfolgreiche Personalstrategie bedeutet, das Bewusstsein für Diversity bei der ganzen Belegschaft zu wecken und sie zu motivieren, sich mit Diversity-Themen zu beschäftigen und unter diesem Aspekt Konflikte zu lösen. Zwar sind die Herausforderungen für Arbeitskräfte zum Teil sehr groß, aber genauso groß sind die Chancen, eine bessere Betreuung zu sichern für die Menschen in den Gemeinden, die diese Vielfalt widerspiegeln.

Vielfalt ist ein integraler Bestandteil der Personalplanung und -entwicklung, und die amtierende Belegschaft muss ein Arbeitsumfeld schaffen, das integrative und kulturell kompetente Arbeitskräfte unterstützt. Hemmnisse für den Aufbau einer vielfältigen Belegschaft, wie Bildungskosten oder komplexe Anwendungen und Formen, sollten angegangen werden (American Hospital Association 2017c).

4.1.5 Medizintourismus in den USA

Der Medizintourismus in den USA ist in den letzten Jahren stetig gewachsen. Während im Jahr 2003 die Zahlen für Gesundheitsausgaben von „Exporten" (das sind Patienten aus dem Ausland, die in den USA behandelt werden) mit 1,6 Mrd. US$ relativ niedrig waren, lag diese Zahl 2013 bei 3,3 Mrd. US$. Dagegen lagen die „Importe" (US-Patienten, die in anderen Ländern behandelt werden) in 2003 bei 168 Mio. US$, in 2013 stieg die Zahl auf 1,4 Mrd. US$. Die hohe Servicequalität und die geografische Nähe haben aus den USA zu einem sehr gefragten Ziel von Gesundheitstourismus gemacht und der Ruf von Kliniken wie z. B. der Mayo Clinic zieht Patienten aus aller Welt an, insbesondere aus dem Nahen Osten und Asien. Die Hürden für Patienten, die in den USA medizinische Behandlungen in Anspruch nehmen wollen, sind meistens Visa-Restriktionen. Diese Patienten weichen dann Richtung Südostasien aus, nach Thailand, Indien oder Singapur.

US-Bürger suchen medizinische Behandlung z. B. in Südamerika und der Karibik. Auch Mexiko ist eine interessante Alternative für Kalifornier. Viele dieser Menschen haben keine Krankenversicherung und die Kosten sind der Hauptgrund, aus dem sie sich im Ausland behandeln lassen. Eine Knie-Operation kann in den USA z. B. 30.000 US$ kosten, in Indien hingegen nur 12.000 US$ (Chambers 2015).

Die Kinderärztin Rasha berichtet, dass in der staatlichen Kinderklinik in Washington, D.C. eine Vereinbarung mit den Regierungen in den VAE, Saudi-Arabien und Kuwait abgeschlossen wurde, um Patienten aus diesen Ländern behandeln zu können.

4.2 Gesundheitswirtschaft in den VAE

Zu den Vereinigten Arabischen Emiraten gehören die sieben Emirate Abu Dhabi, Dubai, Sharjah, Ajman, Umm al-Quwain, Fujairah und Ras Al Khaimah, die in einer Föderation vereint sind und von Herrscherfamilien regiert werden. Der Wohlstand und der Reichtum der Emirate haben ihren Ursprung in der Entdeckung und Förderung von Rohöl. Sie bilden eine föderale konstitutionelle Erbmonarchie, mit einem Staatspräsidenten (im Moment der Herrscher von Abu Dhabi aus der Familie Al-Nahyan) und einem Premierminister (der Herrscher von Dubai aus der Familie Al-Maktum). Abu Dhabi und Dubai sind auch die zwei größten Emirate. In politischen und ökonomischen Fragen halten die Regierungen zusammen. Seit ihrer Gründung in den 1970er-Jahren investieren die Herrscherfamilien in

Gesundheit, Bildung und Wohlstand der einheimischen Bevölkerung und versuchen, sich für die Zeit nach dem Ölboom auszurüsten, z. B. mit der Entwicklung von Tourismus als Wirtschaftszweig, besonders in Dubai.

4.2.1 Krankenversicherung in den VAE

Im Gesundheitswesen geben die VAE ca. 1200 US$ pro Person pro Jahr aus, damit sind sie weltweit unter den Top-20-Ländern bei Gesundheitsausgaben pro Kopf.

Im Jahr 2005 bewirkte ein neues Gesetz in Abu Dhabi, dass alle Expatriates eine private Krankenversicherung für sich und ihre Familien abschließen mussten. Die Abu Dhabi Health Authority (HAAD) erhielt 2007 per Gesetz das Mandat, eine universelle Versicherung zu entwickeln und Regulierungsdienste für Krankenversicherungen zu organisieren.

Das DRG-System (Diagnostic Related Groups) gilt seit 2017 als das einzige Abrechnungssystem für alle Krankenhäuser und Versicherer in Abu Dhabi. Durch diese Maßnahmen sollen die Kosten von medizinischen Dienstleistungen gesenkt werden.

Auch in Dubai und Sharjah laufen Vorbereitungen, um eine universelle Gesundheitsversorgung nach Abu Dhabis Beispiel für die Bevölkerung bereitzustellen (U.S.-U.A.E. Business Council 2014).

4.2.2 Pharmazeutische Industrie und Medizintechnik

Pharmazeutische Industrie
Weltweite Pharmaunternehmen betrachten den Mittleren Osten zunehmend als neuen Verbrauchermarkt. Doch der Import von Medikamenten und anderen Produkten der Pharmaunternehmen erfordert die Beachtung sensibler Bereiche, wie Qualitätssicherung, Sicherheit, temperaturkontrollierte Logistikumgebungen und Transportkostenmanagement. Diese Investitionen lohnen sich, denn Dubai ist als Vertriebsdrehscheibe für Europa, Asien und Afrika zu einem bevorzugten Standort geworden. Daher sieht auch die Pharmabranche einen zentralen Zugangspunkt für weitere Märkte (Sreedharan 2011).

Medizintechnik
Die VAE hatten den ehrgeizigen Plan, sich zwischen 2009 und 2012 als „Global Healthcare Leader" zu positionieren, und sie streben eine weitere Entwicklung in

dem Bereich an. Daher entstand ein sehr hoher Bedarf an Medizintechnik. In 2013 gaben die VAE 847 Mio US$ für Medizintechnik aus. Lieferungen aus Deutschland fanden 2015 im Wert von 158 Mio. EUR statt, 59 % mehr als im vorigen Jahr. Auch wenn Sparmaßnahmen die Umsetzung einiger Großprojekte verzögerte, gab es weiter einen hohen Bedarf an Medizintechnik für geplante Krankenhausprojekte (Germany Trade and Invest 2016a).

4.2.3 Krankenhäuser in den VAE

Die Einrichtungen der Gesundheitswirtschaft sind insbesondere in den Städten der VAE gut ausgebaut. Das 1973 gebaute, akademische Dubai Rashid Hospital z. B. ist ein hochmodernes Krankenhaus mit einem Notfall- und Traumazentrum. Für Patienten stehen 771 Betten und hochspezialisierte chirurgische, medizinische und Intensivstationen sowie Operationssäle zur Verfügung. Stationäre und ambulante Notfallversorgung ist ebenfalls vorhanden, dazu 73 Notaufnahmebetten für Patienten, die aus den nördlichen Emiraten kommen. Das Krankenhaus gehört der Dubai Health Authority und gilt in Dubai als das staatliche „Vorzeigekrankenhaus" (Dubai Health Authority o. J.).

In 2014 gab es in den Vereinigten Arabischen Emiraten 115 Krankenhäuser, davon waren 36 Krankenhäuser staatlich und 79 privat finanzierte Krankenhäuser. Und doch haben die staatlichen Krankenhäuser die größere Bettenkapazität (7493) als die privaten (4164). Die Emirate investieren hier sehr viel in die Krankenhausversorgung nicht nur ihrer Bevölkerung, sondern auch der Expats und Immigranten. Die beiden größten staatlichen Projekte im Bau sind ein 1,2 Mrd. US$ teures Krankenhaus in Al Ain mit 713 Betten und eine 0,7 Mrd. US$ teure Erweiterung des Rashid Hospitals in Dubai (Germany Trade and Invest 2016a).

4.2.4 Beschäftigte in der Gesundheitswirtschaft in den VAE

In den VAE sind sehr viele deutschsprachige Ärzte tätig. Das Pflegepersonal kommt vorwiegend aus den asiatischen Ländern, insbesondere aus Indien und den Philippinen. Besonders moderne Krankenhäuser wie z. B. das Rashid Hospital in Dubai sind damit erfolgreich, attraktive Arbeitsbedingungen zu bieten, um auch britisches oder australisches Pflegepersonal an einer Tätigkeit in Dubai zu interessieren.

Die Gründe, aus denen die einheimischen Frauen nicht als Pflegekräfte in den VAE tätig sind, hängen mit der Unreinheit (Kontakt mit Körperausscheidungen) im Beruf und der Tatsache zusammen, dass Araberinnen keine männlichen Patienten pflegen dürfen.

Die Hebamme Winnie, die in einer Frauenklinik in Abu Dhabi gearbeitet hat, schreibt, dass die meisten Ärzte aus Europa rekrutiert werden, manche Ärzte kommen auch aus Indien und von den Philippinen. Der Anteil der ausländischen Belegschaft beträgt 97 %. Jedoch fand in den letzten Jahren eine Emiratisierung statt, das bedeutet, dass Emiratis vorwiegend in der Verwaltung eingesetzt wurden. In einem anderen Krankenhaus in Abu Dhabi erlebte sie eine Belegschaft, die zu 100 % aus dem Ausland stammt. Dabei kommt das Verwaltungsteam meistens aus Singapur, während die Ärzte, Führungskräfte und Hebammen aus dem Vereinigten Königreich und Irland stammen. Die restliche Belegschaft ist meistens philippinischer Herkunft.

An dem Beispiel wird deutlich, dass sich die VAE zu einer sprachlich und kulturell vielfältigen Gesellschaft entwickelt haben, in der die Mehrheit der Gesundheitsfachkräfte aus nicht-arabischsprachigen Kreisen kommt. Die Autoren El-Amouri und Neill (2011) sehen hier eine besondere Rolle von Pflegekräften in den VAE: In Krankenhäusern bilden die Pflegekräfte die Schnittstelle zwischen Kollegen und Patienten und sind daher bei den stark ausgeprägten sprachlichen und kulturellen Unterschieden in den VAE diejenigen, die die Qualität in der Versorgung sichern. Das bedeutet, dass ihre unterschiedlichen Überzeugungen und Kulturen evaluiert und bewertet werden müssen (El-Amouri und O'Neill 2011).

Das kann die Hebamme Winnie bestätigen. Die unterschiedlichen Überzeugungen und beruflichen Herangehensweisen sorgten bei Belegschaft, Patienten und ihren Angehörigen für Verwirrung und Missverständnisse. Selbst wenn gedolmetscht wurde, konnte nie davon ausgegangen werden, dass die Botschaft auch ankam, da die Übersetzung von Angehörigen übernommen wurde oder von Dolmetschern, die die medizinischen Fachbegriffe nicht kannten und die Zusammenhänge von Erkrankung und Behandlung nicht verstanden. Selbst wenn die Beschäftigten, die in der Landessprache des Patienten kommunizieren konnten, übersetzten, war die Übermittlung manchmal schwer, da sie in einer anderen Fachrichtung praktizierten. Winnie stellte sogar fest, dass amerikanische und britische Ärzte unterschiedliche Begriffe für dieselbe Sache wählten. Außer Arabisch-Kursen haben die Krankenhäuser kein interkulturelles Training oder Ähnliches angeboten, was sie jedoch als dringend notwendig empfand.

4.2.5 Medizintourismus in den VAE

Von allen Emiraten der Vereinigten Arabischen Emirate hat Dubai den größten Zuwachs an Medizintouristen, dicht gefolgt von Abu Dhabi. In der ersten Hälfte von 2015 kamen beispielsweise 260.000 Medizintouristen nach Dubai (Safdar 2015).

Dubai ist eine der großen Städte, die ein stabiles, einladendes und ergebnis-orientiertes Gesundheitssystem fördern, das allen offensteht. Und, sagt Ahmed Faiyaz, Leiter des Geschäftsbereichs Healthcare Transaction bei Ernst & Young in Dubai, es ist gut dazu geeignet. Etwa 12 Mio. Touristen besuchen Dubai pro Jahr, eine Zahl, die bis 2020 auf 20 Mio. steigen wird. Ein entspanntes Visa-System hat das Emirat für diejenigen, die wegen medizinischer Termine zu Besuch sind, noch zugänglicher gemacht. Dubai erfreut sich auch einer attraktiven Lage, da ein Drittel der Weltbevölkerung innerhalb eines vierstündigen Fluges Dubai erreichen kann. Faiyaz geht stark davon aus, dass in Zukunft etwa 10 % der Besucher des Landes medizinische Touristen sein könnten.

Berücksichtigt man die steigende Zahl von Exzellenzzentren und eine Reihe von erfahrenem medizinischem Personal aus aller Welt, von den USA und Deutschland bis nach Russland und Indien, könnte dieses Ziel durchaus über-troffen werden. Die Vorteile für die Patienten: Hohe Patientenzahlen vermindern die Wahrscheinlichkeit von medizinischen Fehlern und die Wiederaufnahme-zahlen fallen geringer aus.

Doch auch diese Entwicklung wird kritisch gesehen: Der Medizintourismus begünstigt Menschen mit höheren Einkommen. Da die Gesundheitsversorgung dann verbessert ist, wird der Druck auf die Regierungen verringert, mehr für alle Bürger in der Bevölkerung zu tun.

Die grenzenlose Gesundheitsversorgung erfordert es nicht immer, dass ein Patient seinen Koffer packt. Telemedizin ermöglicht es Ärzten, Patienten in ande-ren Ländern mithilfe von Kommunikationstechnologie zu diagnostizieren, und ist ein Sektor, der wahrscheinlich expandieren wird.

Inzwischen gibt es mehrere Vereinbarungen zwischen Staaten, um den Medizintourismus zu fördern. So wird in Ras Al Khaimah in den Vereinigten Ara-bischen Emiraten das 248 Betten umfassende Sheikh Khalifa Specialist Hospital vom Seoul National University Hospital in Südkorea betrieben und geleitet. Die-ses Krankenhaus stellt auch rund 15 % des medizinischen Personals bereit, das lokale Ärzte trainiert (Ernst und Young 2016).

4.3   Gesundheitswirtschaft in China

Die Volksrepublik China gilt mittlerweile als zweitstärkste Wirtschaftsmacht nach den USA. Gerade High-Tech-Industrien in den Großstädten sorgen für ein schnelles Wachstum der Volkswirtschaft. Die ländlichen Gebiete mit traditioneller Industrieproduktion haben dabei das Nachsehen, was sich auch in den unterschiedlichen Einkommen bemerkbar macht. Die jahrelange Ein-Kind-Politik hat dazu geführt, dass die Gesellschaft überaltert. Wirtschaftswachstum, Einkommensunterschiede und die demografische Entwicklung beeinflussen die Entwicklungen in der Gesundheitswirtschaft. Darin unterscheidet sich China nicht sehr von den USA oder den VAE. Die größten Unterschiede liegen in der Kultur, der Religion und der Politik. Die kommunistische Partei Chinas steht z. B. über der Gesetzgebung und hat demnach einen großen Einfluss auf wirtschaftspolitische Entscheidungen (Rothlauf 2012) und damit auf die Gesundheitswirtschaft. Für ausländische Investoren bedeutet dies, dass die Regierung bei größeren Bauvorhaben immer mitentscheidet. Grundprinzipien wie Danwei (Arbeitseinheit), Guanxi (Beziehungen) und Mianzi (Gesichtswahrung) beeinflussen das tägliche Leben bis in die Gesundheitswirtschaft.

Der Gründer der Volksrepublik China, Mao Zedong, hat insbesondere die flächendeckende Versorgung der ländlichen Bevölkerung, die in den 50er-Jahren unter Infektionen litt, gewährleistet, indem er sogenannte „Ersthelfer" ausbildete. Diese „Barfußärzte" ermöglichten eine Erstversorgung in den Dörfern Chinas bei Geburten, Wunden und Infektionen. Durch die Gabe von Antibiotika und Hygieneratschlägen konnten nicht nur Epidemien eingedämmt, sondern auch die Anzahl der an Keuchhusten, Masern, Diphterie und Wundstarrkrampf erkrankten Personen durch entsprechende Impfungen gesenkt werden (Mühlhahn 2017).

Die Kulturrevolution ab 1986 hatte auch Einfluss auf das Gesundheitswesen. Das Personal in den Städten hatte die Aufgabe, die Kollegen in ländlichen Gebieten besser zu unterstützen. Das ländliche Personal, die Barfußärzte, wurden noch einmal geschult, damit wenigstens ein Minimum an Gesundheitsfürsorge in den Dörfern ermöglicht werden konnte. Auch die Rückbesinnung auf die kostengünstigere traditionelle chinesische Tradition mit lokal wachsenden Kräutern und Akupunktur war eine Initiative der Kulturrevolution (Mühlhahn 2017).

Mit der Neuordnung der Politik und damit auch des sozialen Lebens wurden sogenannte „Danwei", Arbeitseinheiten, geschaffen. Darunter fallen auch Einrichtungen des Gesundheitswesens wie Altenheime, Sanatorien und Krankenhäuser. Das Wohlfahrtssystem basiert daher auf den Danwei. Die Angestellten waren lebenslang berechtigt, in einer Danwei-Einrichtung zu bleiben, sie durften aber auch nicht auf eigene Initiative die Einrichtung wechseln. Wie politisch die Danwei waren, wird auch daran deutlich, dass die einzelnen Danwei an politischen Aktivitäten teilnehmen und politische Kampagnen umsetzen mussten. So war es der Kommunistischen Partei Chinas (KPCh) möglich, die Basis mit ihren politischen Maßnahmen zu erreichen (Mühlhahn 2017).

Die **Danwei** prägen immer noch das Leben. Damit sind nicht nur eine Produktionsgemeinschaft, sondern auch z. B. eine Universitätsfakultät oder ein Krankenhaus gemeint. Sie bieten einen stabilisierenden Faktor im Zusammenleben, indem sie Arbeitsplatz, Wohnort und Sozialversicherung zur Verfügung stellen. Damit wird auch wieder deutlich, dass die Gemeinschaft über dem Individuum steht und Entscheidungen über ein Individuum fällt. Außerhalb des Danwei ist der Gemeinschaftssinn nicht mehr stark ausgeprägt (Rothlauf 2012). Hierdurch lässt sich auch erklären, dass chinesische Fachkräfte in Deutschland sich gerne zusammentun und weniger mit den deutschen Kollegen außerhalb des Teams zu tun haben wollen.

Weiter spielt **Guanxi** eine große Rolle, das das Beziehungsgeflecht und Interaktionen erklärt. Persönliche Beziehungen spielen eine größere Rolle als offizielle Normen. Daher sind gute Beziehungen zur Danwei-Führung wichtig, um ggf. eine geringere Strafe bei Verstoß gegen offizielle Normen zu bekommen. Hier kommt auch der Beziehung und der emotionalen Bindung eine viel wichtigere Rolle zu als der Sache selbst. Eine gute Beziehung ist daher nur über Feingefühl und das Kennen der richtigen Personen möglich.

Ein weiteres kulturelles Grundprinzip in China ist **Mianzi,** das Gesichtwahren. Dabei geht es darum, sowohl das eigene als auch das des Gegenübers zu wahren. Denn wer einer anderen Person das Gesicht nimmt, hat auch sein Gesicht verloren. Wenn Sie Ruhe ausstrahlen, höflich und bescheiden auftreten, die Titel nennen (z. B. Dr.) und Geschenken eine hohe Bedeutung zuerkennen, dann geben und wahren Sie das Gesicht. Im Gegensatz dazu können Sie durch lautes Sprechen, Kritisieren und Ungeduld das Gesicht verlieren (Rothlauf 2012).

▶ Im Umgang mit chinesischen Geschäftskollegen und Patienten sind folgende Informationen hilfreich (Rothlauf 2012):

- Bei der Begrüßung nicken Chinesen in der Regel. Mittlerweile ist auch das Händeschütteln verbreitet. Weitere körperliche Berührungen sind unüblich.
- Eine beliebte Begrüßungsformel ist „Nie hao" („Du gut"), zum Abschied sagt mach „Zai jian" („Auf Wiedersehen").

- Status und Titel sind in China wichtig. Daher sollte ein offizieller Titel wie „General" oder „Bureau Chief" nicht ignoriert werden.
- Der Nachname wird zuerst genannt. Wie auch in Deutschland werden Personen in der Regel mit den Nachnahmen angesprochen. Die häufigsten Nachnamen sind Chen, Zhang, Li, Zhao und Lin.
- Die Eröffnungsphase einer Begrüßung findet im Stehen statt. Dabei wird die Absicht bekundet, sich kennenlernen zu wollen. Dann erst werden mit beiden Händen und immer noch im Stehen die Visitenkarten ausgetauscht. Diese betrachtet man dann lange und aufmerksam.
- Farben spielen in der chinesischen Kultur eine große Rolle: Schwarz bedeutet Tod und Dunkle Zeiten und sollte daher vermieden werden. Blau ist die zweite Farbe in der Trauerphase und sollte insbesondere in der Kombination mit weiß ebenfalls vermieden werden. Oft sind die Verbindungen mit anderen Farben zu beachten. Schwarz in Kombination mit rot bedeutet Glück. Möchte man ein Geschenk verpacken, ein Briefpapier auswählen oder sich als Frau besonders kleiden, so sind rot, rosa, orange und gold zu wählen. Diese Sonnenfarben versprechen Glück und Freude.
- Wenn Sie Chinesen eine Freude machen wollen, so verschenken Sie acht Orangen. Diese alte Tradition soll doppelt Glück bringen. Überhaupt spielen Zahlen eine große Rolle: die Drei und die Acht bringen Glück, die Vier bringt Unglück. Daher sollte man auch kein Geschenk aus vier Teilen schenken.
- Wenn sie ein Geschenk bekommen, weisen Sie es drei Mal zurück, um nicht habgierig zu erscheinen. Wenn Sie es dann schließlich annehmen, dann verneigen Sie sich dreimal und nehmen das Geschenk mit beiden Händen an. Packen Sie das Geschenk dann auch nicht in Anwesenheit des Schenkenden aus, denn Sie möchten ihn nicht in Verlegenheit bringen. Die Gesichtswahrung ist hierbei wichtig.
- In der Konversation sind unbedingt kritische Bemerkungen, Eigenlob, und negative Ereignisse zu vermeiden.
- Lächeln gilt als Bindeglied zwischen Personen und sollte daher auf jeden Fall erwidert werden.
- Chinesen sind leise, auch wenn sie sich innerlich aufregen. Doch es geht in der chinesischen Kultur um die Harmonie, die durch eine laute Stimme oder gar Beschimpfungen gestört wird.

Die Folgen der Ein-Kind-Politik, die erst 2015 aufgehoben wurde, werden insbesondere durch den Anstieg der älteren Bevölkerung und damit einem Rückgang der Erwerbstätigen deutlich. Bis 2050 werden vermutlich 37 % der Bevölkerung Chinas über 60 Jahre alt sein. Daher wird ein besonderer Fokus der Regierung auf der Krankenversicherung liegen (Reisach et al. 2017).

Das Gesundheitswesen in China ist vorwiegend staatlich. Das bedeutet, dass privatwirtschaftliche Investoren einen schwierigen Zugang zur Gesundheitswirtschaft haben. Vereinzelte freie Handelszonen ermöglichen ausländischen Investoren die Einrichtung von privaten Krankenhäusern. Auch werden manche öffentliche Krankenhäuser mittlerweile von privaten Managementfirmen gemanagt. Die Arzneimittelhersteller als privatwirtschaftliche Unternehmen steigern ungehindert die Preise für Arzneimittel und werden als Kostentreiber im chinesischen Gesundheitswesen gesehen (Nundy 2016).

Momentan findet ein rapides Wirtschaftswachstum statt. Die Wachstumsrate in China lag 2011 bei 9,5 %, in Deutschland im Vergleich bei 2,7 % (Rothlauf 2012).

Das rapide Wirtschaftswachstum führt zur Binnenmigration der sogenannten Wanderarbeiter in die Städte. Dies hat einen Anstieg von Arbeitsunfällen durch zu wenig Absicherung und Vergiftungen in der Chemiebranche zur Folge, denn gerade die Wanderarbeiter sind durch ihre geringe Schulbildung wenig über Gesundheitsrisiken und Bewältigungsstrategien informiert (Reisach et al. 2017).

2014 lagen die Gesundheitsausgaben der Republik China bei 5,6 % des Bruttoinlandsprodukts (BIP). In Deutschland betrugen die Ausgaben 11,2 % des BIP. In China haben sich die Ausgaben seit 2006 verdreifacht (Bosch 2017).

Eine weitere Folge des Wirtschaftswachstums und der schnellen Urbanisierung ist die Umweltverschmutzung. Die Feinstaubbelastung liegt weit über dem Grenzwert der WHO. Auch Krankheiten wie Hepatitis B, AIDS/HIV, Vogelgrippe und Tuberkulose sind nach wie vor weit verbreitet (Reisach et al. 2017).

Der Glaube spielt in China immer noch eine sehr große Rolle. Dabei orientiert sich der Glaube nicht nur an einer Religion oder einer Weltanschauung, sondern auch an Animismus und Ahnenkult. Der Glaube hat demnach einen großen Einfluss auf das alltägliche Handeln. So studieren Chinesen z. B. immer noch Orakelbücher, um eine günstige Zeit für ein Begräbnis zu erfahren (Rothlauf 2012).

Die taoistische Philosophie beschreibt die Harmonie zwischen Mikrokosmos und Makrokosmos. Dies wird durch Yin und Yang deutlich, dem Ausgangspunkt des Seins aller Dinge: Ohne männlich gibt es kein weiblich, ohne groß kein klein, ohne Tod kein Leben (Rothlauf 2012).

Auch Tugenden spielen in China eine sehr große Rolle und haben ihren Ursprung im Konfuzianismus, der Staats- und Moralphilosophie Chinas (Rothlauf 2012):

- kindlich Liebe
- Höflichkeit
- Anständigkeit
- Rechtschaffenheit
- Treue
- Bruderpflichten
- Ehrlichkeit
- Schamgefühl

In der Gesundheitswirtschaft werden insbesondere die Berücksichtigung des Schamgefühls bei der Pflege, der respektvolle Umgang mit Höhergestellten, Gruppenbezogenheit im Team und die Wohltätigkeit deutlich.

Der Kategorische Imperativ lautet daher in China:

> Man hat so zu handeln, dass die Gemeinschaftsnormen nicht gestört werden, sondern vielmehr noch bestätigt werden. Der Mensch wird nicht als Individuum im Sinne von unteilbar, sondern als „dividuum" mit situativ verschiedenen Verhaltensweisen verstanden. Glück im Sinne des Konfuzianismus ist nicht das Glück des Einzelnen, sondern das Glück, das der Einzelne mit der Gemeinschaft teilt (Peill-Schoeller 1994).

4.3.1 Krankenversicherung in China

Die großen Herausforderungen in der Gesundheitswirtschaft Chinas sind das Stadt-Land-Gefälle und die damit verbundene unterschiedliche Verteilung der Einkommen. Daher wurden 2003 für die städtische und ländliche Bevölkerung unterschiedliche Krankenversicherungen eingeführt:

Die Urban Employee Basic Medical Insurance (UEBMI) und die Urban Residents Basic Medical Insurance (URBMI) versichern die städtischen Angestellten bzw. die städtischen Bewohner ohne Arbeit. In der ländlichen Region ermöglicht das New Rural Cooperative Medical Scheme (NRCMS) die Grundversorgung der meist bäuerlichen Bevölkerung. Fast 99 % der ländlichen Bevölkerung nehmen diese freiwillige Versicherung in Anspruch, die zum Großteil durch die Regierung finanziert wird. Die Versicherungsbeiträge sind relativ niedrig, für die ländliche Bevölkerung ist diese noch geringer als für die städtische Bevölkerung. Die nichtarbeitenden städtischen Bewohner, zu denen nicht nur Arbeitslose, sondern auch Kinder, Rentner, Behinderte und Studenten gehören, zahlen den geringsten Beitrag. Ca. 95 % der Bevölkerung haben damit eine Krankenversicherung, die die Grundversorgung abdeckt. Jedoch sind die Zuzahlungen wie z. B. zum stationären Krankenhausaufenthalt und für Arzneimittel sehr hoch, außerdem schwankt die Qualität der Behandlung (Ng et al. 2012).

Für die momentane Regierung ist soziale Gerechtigkeit einer der wichtigsten Handlungspunkte. Dazu wurde 2011 die gesetzliche Sozialversicherung ins Leben gerufen (Reisach und Cürten 2017). Diese umfasst die

- Basisrentenversicherung
- Basiskrankenversicherung
- Berufsunfallversicherung
- Arbeitslosenversicherung
- Mutterschaftsversicherung

Die Beiträge werden anteilig vom Arbeitnehmer und vom Arbeitgeber bezahlt. Dabei zahlt der Arbeitnehmer 10–11 % des Bruttoeinkommens, der Arbeitgeber mit ca. 30 % den weitaus größeren Anteil (Devonshire-Ellis et al. 2014). In manchen Betrieben übernimmt der Arbeitgeber darüber hinaus die Zusatzleistungen (Reisach und Cürten 2017). Eine Testphase zur Pflegeversicherung findet momentan statt (Auswärtiges Amt 2017).

4.3.2   Pharmazeutische Industrie und Medizintechnik

Der steigende Wohlstand der Chinesen, die Überalterung und die fortschreitende Technologisierung bieten einen großen Wachstumsmarkt für Pharmaunternehmen und die Hersteller von medizinischen Geräten. So gibt es in China jetzt schon mehr als 12.000 Unternehmen für medizinische Geräte und knapp 7000 Pharmaunternehmen. Der Markt wird weitestgehend von der China Food and Drug Administration (CFDA) als Standardsystem überwacht (Herrnleben 2017). Doch Betrug und Korruption sind in China immer noch weit verbreitet. Obwohl die chinesische Regierung – insbesondere seit dem Beitritt zur World Trade Organization (Handelsorganisation) 2001 – Maßnahmen zur Stärkung des geistigen Eigentums unternommen hat, sind gefälschte Medikamente mit 30 % Marktanteil immer noch stark vertreten. Der Hang zur Nachahmung wird auch daran deutlich, dass 85 % der Pharmazeutika legale Generika sind (Herrnleben 2017).

Die Unterbezahlung der Ärzte fördert die Bestechung durch Pharmaunternehmen (Bosch 2017). Auch Krankenhäuser konnten bislang 15 % auf den Einkaufswert zuschlagen, was zur Übermedikation bei der Bevölkerung geführt hat. Mit der Einführung der „Essential Drug List" (EDL) wurde eine Liste von 317 westlichen und 203 Arzneimitteln der Traditionellen Chinesischen Medizin erstellt, die Ärzte verschreiben sollen und die von der Krankenversicherung finanziert werden. Ausgenommen davon sind Spezialkliniken (Le Deu et al. 2012). Die Preisbildung von Arzneimitteln ist der der deutschen pharmazeutischen Industrie ähnlich: Die Industrie entscheidet über den einheitlichen Abgabepreis. Damit sollen Wettbewerb unter den Pharmaherstellern und dadurch niedrige Preise erzielt werden (Huan 2015).

Eine Besonderheit in der pharmazeutischen Industrie in China ist die Herstellung von Präparaten der Traditionellen Chinesischen Medizin. Mehr als 9000 Präparate sind bereits auf dem Markt. Das sind mehr als 25 % des Gesamtabsatzes aller Pharmaprodukte (Herrnleben 2017).

Nach den USA bietet China den größten Markt für medizinische Geräte. Durch den großen Bedarf an Gesundheitsdienstleistungen ist ein starker Wettbewerb zwischen den Anbietern entstanden. Dabei unterteilt sich der Markt in zwei Kategorien: die nationalen Hersteller, die sich auf das niedrige und mittlere Segment konzentrieren, und die internationalen Zulieferer, die High-End-Produkte verkaufen. Doch einige nationale Zulieferer streben mittlerweile auch das höhere Preissegment an. Mindray Medical z. B. ist der umsatzstärkste chinesische Hersteller medizinischer Geräte, der die gleichen Produkte wie GE Healthcare und Siemens Medical herstellt und damit einen starken Wettbewerber darstellt. Zu den High-End-Geräten gehören z. B. MRTs, Ultraschallgeräte und CTs. Momentan wird noch ca. die Hälfte der High-End-Produkte aus dem Ausland importiert. Doch die chinesische Regierung hat angeordnet, dass staatliche Krankenhäuser nur noch chinesische Produkte kaufen sollen (Chatkowski et al. 2017).

4.3.3 Krankenhäuser in China

Die medizinische Versorgung findet hauptsächlich in Krankenhäusern statt. Ein Hausarztsystem wie in Deutschland gibt es nicht. Bei Erkrankungen, die keinen stationären Aufenthalt erfordern, gehen die Patienten in die Ambulanzen der Krankenhäuser. Erste Versuche, Gesundheitszentren zu etablieren, scheiterten, denn die Ärzte in China sind eher Spezialisten als Allgemeinmediziner (Süssmuth-Dyckerhoff und Wang 2012).

Mit der Reform um 1980 wurden viele bisher staatliche Krankenhäuser privatisiert. Für den Staat sind damit die Gesundheitskosten gesunken und die Zuzahlungen zu den Leistungen auf die Bevölkerung umgeschichtet worden. Dies hat die schon bestehende Ungleichheit verstärkt, indem die Krankenhäuser sich nun dort ansiedelten, wo sich die Bevölkerung die Versorgung leisten konnte, und teure Arzneimittel und Technologien verkauften. Dies führte zu einer schlechteren Gesundheitsversorgung und einer Verstärkung des Stadt-Land-Gefälles. So findet man die beste Versorgung in Beijing und anderen großen Städten. 8 Krankenhausbetten für jeweils 1000 Bewohner stehen im großen Gegensatz zu 3,5 Krankenhausbetten für jeweils 1000 Bewohner in ländlichen Regionen. Militärkrankenhäuser und Krankenhäuser in internationalen Partnerschaften in großen Städten haben den besten Ruf. Für eine bessere Versorgung nimmt die ländliche Bevölkerung oft einen langen Weg in die Großstädte in Kauf, was wiederum zur Überfüllung der urbanen Krankenhäuser führt. Dies sowie die schlecht bezahlten Ärzte in China bewirken eine schlechtere Behandlung oder eine Überbehandlung mit Medikamenten. So erhalten z. B. Patienten mit einer Erkältung oft Antibiotika (Bosch 2017).

Die Krankenhäuser finanzieren sich vorwiegend über Einzelleistungen. Da die Finanzierung über die Grundversorgung nicht ausreicht, entsteht eine Finanzierungslücke für die Krankenhäuser, die sie durch Zusatzleistungen zu füllen versuchen. Aufwendige Behandlungen und teure Medikamente werden nicht selten verordnet, die dann die Patienten selbst finanzieren müssen (Abschn. 4.3.2). Es fehlt der Anreiz für eine effiziente Behandlung, denn durch die Abrechnung möglichst vieler Leistungen bleiben Patienten unverhältnismäßig lange im Krankenhaus (Ng et al. 2012). Eine Testphase zur Vergütung über Fallpauschalen (Diagnosis Related Groups) läuft gerade, um die Liegezeiten zu verkürzen (Bosch 2017).

Die Bandbreite der Behandlungen in den Krankenhäusern ist sehr groß: Traditionelle Chinesische Medizin mit Akupunktur wird genauso angeboten wie westliche Schulmedizin. Ein Trend liegt momentan in der Entstehung von Spezialkliniken, die auch Laseroperationen und Schönheitschirurgie anbieten (Chatkowski et al. 2017).

4.3.4 Beschäftigte in der Gesundheitswirtschaft

Das Konfuzianische Denken und Danwei haben einen großen Einfluss auf die Arbeit. So spielen Autoritäten und Hierarchien in chinesischen Einrichtungen eine große Rolle. Da Unternehmen auch eher wie Familien funktionieren und der Zusammenhalt wichtig ist, vertrauen Beschäftigte den eigenen Autoritäten im Unternehmen mehr als Beschäftigten aus einem anderen Unternehmen. Der Untergeordnete ist dem Übergeordneten zum Gehorsam verpflichtet, während der Übergeordnete seinen Fürsorgepflichten nachkommt. Fürsorgepflicht heißt, dass das Unternehmen für die Gesundheit seiner Mitarbeiter sorgt. Werden diese hierarchischen Strukturen berücksichtigt, erfüllt dies das Harmoniebedürfnis und das Gesichtwahren der Chinesen. Die Hierarchien bedeuten auch, dass die Untergebenen nach der Anweisung der Übergeordneten arbeiten. Dieses Top-Down-Prinzip ist vor allem durch die Loyalität der Untergegeben möglich. Eine Unternehmensführung nach dem Bottom-Up-Prinzip, in dem die Mitarbeiter Verbesserungsvorschläge einbringen können und Eigenverantwortung erwünscht ist, ist in China nicht möglich (Rothlauf 2012).

Beispiel

Die chinesische Ärztin Dr. Lin hat vor Kurzem in der Landespsychiatrie in Deutschland ihre Arbeit aufgenommen. In den regelmäßigen Teamsitzungen werden auch Fälle von Patienten besprochen, zu denen die Ärzte ihre Einschätzung geben sollen. Dr. Lin sitzt in der Runde und fühlt sich offensichtlich unbehaglich: Sie schaut meistens auf den Boden, wenn der Chefarzt spricht. Als ein Kollege sich kritisch und lautstark über die Behandlungsmethode des Chefarztes äußert, erschrickt Dr. Lin. Als sie an der Reihe ist, spricht sie leise darüber, dass die Behandlungen ihrer Patienten sehr gut anschlagen. Als sie gefragt wird, was sie besser machen könnte, erschrickt sie und sagt sehr schnell, dass der Chefarzt die Behandlungsmethode sehr gut angeordnet habe.

Der Chefarzt hat in chinesischen Krankenhäusern die Autorität, es ist nicht üblich, anderer Meinung zu sein. Hier kommt das Prinzip Danwei zum Tragen: Die Gemeinschaft ist sehr wichtig und steht vor Verbesserungsmöglichkeiten. Auch möchte Dr. Lin die gute Beziehung (Guanxi) zum Chefarzt nicht stören. Würde sie in China der Behandlung des Chefarztes widersprechen – vor allem in der Runde mit allen Ärzten –, so würden er und damit auch sie das Gesicht verlieren (Mianzi).

So wie eine Person nicht vor anderen Personen kritisiert werden sollte, sind auch Lob und Anerkennung nicht im Sinne des kollektiven Verhaltenskodex. Die Anerkennung nur eines einzelnen Teammitglieds verstößt gegen die Gruppenloyalität und bringt dieses Mitglied eher in Verlegenheit. Daher zählt auch das Gruppenergebnis und nicht die Einzelleistung. Die Arbeitsweisen sind eher von

Versuch und Irrtum geleitet, was für manche deutschen Kollegen chaotisch wirken kann. Eine vorausschauende Planung ist in der chinesischen Arbeitswelt eher untypisch, von daher werden nur naheliegende Dinge erledigt. Dieses polychrone Zeitverhalten bedeutet, dass die Arbeitsaufträge nicht wie in Deutschland nach und nach behandelt werden, sondern dann, wenn sie dringend bearbeitet werden müssen. Das bedeutet auch, dass Unterbrechungen und Zeiten des Nichtstuns akzeptabel sind (Rothlauf 2012).

Konflikte werden abwartend betrachtet. Oberstes Ziel ist hier die Harmonie des Danwei, daher werden Probleme abgemildert und die Gemeinsamkeiten betont. Für Deutsche erscheint dies oft als Konfliktvermeidung und Konflikttoleranz. In China führt eher ein gemeinsames Essen oder eine Mediation, bei der jede Konfliktpartei das Gesicht wahren kann, zur Konfliktlösung (Rothlauf 2012). Bei einer Mediation wird das Gesicht auch verliehen, in dem der Mediator ein hohes Mianzi einbringt (Liang und Kammhuber 2003).

4.3.5 Medizintourismus in China

Der Medizintourismus in China ist im Vergleich mit anderen Staaten eher weniger verbreitet. Jedoch ist ein Trend sowohl im Medizin-Export als auch -Import zu beobachten.

Die Zunahme von Volkskrankheiten wie Diabetes und Herz-Kreislauf-Erkrankungen, von denen China bislang verschont geblieben ist (weshalb es auch wenig Spezialisten in diesen Bereichen gibt), lassen eine Nachfrage im Gesundheitstourismus ansteigen. Gerade die wohlhabenden Chinesen kommen dazu vorwiegend nach Deutschland und lassen sich mit Hochleistungsmedizin behandeln (Ettel 2016).

Ebenso ist ein Trend im Binnen-Medizintourismus zu erkennen: Wohlhabende Chinesen gehen vorwiegend in die großen Städte in große Krankenhauskomplexe mit bis zu 7000 Betten, um sich dort von Experten behandeln zu lassen (Chatkowski et al. 2017).

China besinnt sich auf die Traditionelle Chinesische Medizin (TCM) für Touristen aus dem Ausland. Vorwiegend Patienten aus Russland lassen sich auf der Tropeninsel Hainan in Südchina mit TCM behandeln. Gerade die Kombination aus Erholungsurlaub und sanfter Behandlung ist für viele Patienten ein attraktives Angebot (Xinhua 2017).

Zusammenfassung

Ein Blick in die Gesundheitswirtschaft lohnt sich immer: Es gibt Parallelen und Trends, die auch in Deutschland erkennbar sind. Gerade in den USA und den VAE ist die Vielfalt der Patienten und der Belegschaft allgegenwärtig. Da die USA eine langjährige Tradition als Einwanderungsland vorweisen können, sind dort viele Maßnahmen zur besseren interkulturellen Kommunikation erfolgt. Doch nach wie vor gibt es Probleme bei der Verständigung mit den Patienten und zwischen der Belegschaft. Die American Hospital Association möchte sich verstärkt auf die Diversität einstellen, indem das Personal mehr Informationen über die kulturellen Besonderheiten und Sprachkenntnisse der Patienten erhält. Aber auch interkulturelle Trainings sollen nicht nur Lippenbekenntnisse bleiben, sondern fester Bestandteil in der Fort- und Weiterbildung werden. Dies wird ebenso in den VAE vermisst, deren Belegschaft in den Krankenhäusern zum Teil zu 100 % international ist. Denn gerade in angespannten Situationen, die Patienten während der Krankheit durchleben, ist eine vertrauensvolle Umgebung, in ihrer ihre Bedürfnisse verstanden werden, für den Genesungsprozess wichtig. So wirtschaftlich Medizintourismus ist, so dringend notwendig sind fachlich geschulte Dolmetscher, interkulturelle Trainings und gemeinsame Standards zur Behandlung ebenfalls internationaler Patienten vor Ort.

Die chinesische Kultur erscheint uns mit Konfuzius, Danwei und Guanxi noch einmal fremder als die doch mittlerweile sehr internationale Kultur in den VAE. Nach der Lektüre des Kapitels ist vielleicht das Verhalten mancher neuen Kollegen in deutschen Krankenhäusern und Pflegeheimen eher nachvollziehbar. Deutlich wurde auch, welche Auswirkungen die Migration in die Metropolen für die Gesundheitwirtschaft in China haben: eine deutliche Qualitätssteigerung der Krankenhäuser in den großen Städten zuungunsten der kleinen Krankenhäuser auf dem Land. In Deutschland ist ein ähnlicher Trend zu beobachten. Städte wie Berlin, München, Leipzig und Frankfurt ziehen durch eine entsprechende Infrastruktur die besten Ärzte und Pflegekräfte an. Dadurch haben vereinzelte Landstriche, insbesondere in Ostdeutschland, Schwierigkeiten, die Grundversorgung aufrechtzuerhalten.

Für die Beschäftigten in Deutschland, die sich überlegen, im Ausland zu arbeiten, hat dieses Kapitel einen Einblick in die Strukturen und Herausforderungen von Gesundheitswirtschaften mit interessanten Beschäftigungsoptionen gegeben. Insbesondere die Behandlung von Krankheiten mit der Traditionellen Chinesischen Medizin oder die Arbeit in einer völlig internationalen Belegschaft ermöglichen Erfahrungswerte, die in Deutschland nicht erworben werden können.

1. Vor welchen großen Herausforderungen stehen die Gesundheitssysteme der USA, der VAE und Chinas? Welche Parallelen sehen Sie in der demografischen Entwicklung und welche Unterschiede im Umgang mit den diversen Beschäftigten?
2. Wie ist die Bevölkerung in den einzelnen Ländern krankenversichert?
3. Welche Vorschriften und Empfehlungen gibt es in den USA zum Umgang mit interkulturellen Patienten? Lassen sich die Vorschriften auch auf Deutschland übertragen? Diskutieren Sie.
4. In den Vereinigten Arabischen Emiraten führt die internationale Belegschaft nicht selten zu Missverständnissen. Welche Missverständnisse treten Ihrer Meinung nach am häufigsten auf?
5. Welchen Einfluss haben Danwei, Guanxi und Mianzi auf die Gesundheitswirtschaft in China?
6. Welche kulturellen Herausforderungen wird eine chinesische Pflegekraft in Deutschland erleben?

Literatur

American Hospital Association (AHA). (2017a). Hospital statistics. 2015 AHA annual survey. http://www.aha.org/products-services/aha-hospital-statistics.shtml. Zugegriffen: 10. Okt. 2017.

American Hospital Association (AHA). (2017b). Hospitals are economic anchors in their communities. www.aha.org. Zugegriffen: 10. Okt. 2017.

American Hospital Association (AHA). (2017c). The imperative for strategic workforce planning and development: Challenges and opportunities. www.aha.org. Zugegriffen: 10. Okt. 2017.

Auswärtiges Amt. (2017). China. Wirtschaft. https://www.auswaertiges-amt.de/de/aussenpolitik/laender/china-node/-/200468#content_5. Zugegriffen: 23. März 2018.

Barnett, J. C., & Berchick, E.R. (2017). Current Population Reports, S. 60–260, Health Insurance Coverage in the United States: 2016, U.S. Government Printing Office, Washington, DC.

BLS. (2017). US Bureau of Labor Statistics. Current Employment Statistics Highlights, December 2016. Prepared by Staff of the National Estimates Branch. Released January 2017. https://www.bls.gov/ces/highlights122016.pdfLetzter. Zugegriffen: 10. Okt. 2017.

Bosch, C. (2017). Gesundheitssystem und medizinische Versorgung. In U. Reisach (Hrsg.), *Das Gesundheitswesen in China. Strukturen, Akteure, Praxistipps* (S. 19–29). Berlin: Medizinisch Wissenschaftliche Verlagsgesellschaft.

Cacace, M. (2011). *Das Gesundheitssystem der USA: Governance – Strukturen staatlicher und privater Akteure.* Schriften des Zentrums für Sozialpolitik Bremen: Campus.

Cacace, M. (2017). Das US-Gesundheitssystem nach der Wahl. Unveröffentlichter Online Vortrag der Apollon Hochschule der Gesundheitswirtschaft. 28.02.2017.

Chambers, A. (2015). Trends in U.S. health travel services trade. https://www.usitc. gov/publications/332/executive_briefings/chambers_health-related_travel_final.pdf. Zugegriffen: 10. Okt. 2017.

Chatkowski, P., Reisach, U., & Bosch, C. (2017). Krankenhaustypen, Leistungsspektrum und Geräteausstattung. In U. Reisach (Hrsg.), *Das Gesundheitswesen in China. Strukturen, Akteure, Praxistipps* (S. 43–53). Berlin: Medizinisch Wissenschaftliche Verlagsgesellschaft.

Devonshire-Ellis, F., Fleming, C., & Ku, E. (2014). *Human resources and payroll in China* (4. Aufl. Asia Briefing Ltd). Heidelberg: Springer Science & Business Media.

Dubai Health Authority. (o. J.). About Rashid hospital. https://www.dha.gov.ae/en/Rashid-Hospital/Pages/AboutRashidHospital.aspx. Zugegriffen: 28. Jan. 2017.

El-Amouri, S., & O'Neill S. (2011). Supporting cross-cultural communication and culturally competent care in the linguistically and culturally diverse hospital settings of UAE. *Contemporary Nurse: A Journal for the Australian Nursing Profession 39*(2), 240–255. http://sciedu.ca/journal/index.php/jnep/article/viewFile/2356/1830. Zugegriffen: 10. Okt. 2017.

Ernst & Young. (2016). EY perdicts six major investment opportunities for GCC health care market by 2015. http://www.ey.com/em/en/newsroom/news-releases/news-ey-predicts-six-major-investment-opportunities-for-gcc-health-care-market-by-2025. Zugegriffen: 28. Jan. 2018.

Ettel, A. (27. Juli 2016). Chinas Superreiche belegen deutsche Krankenhäuser. *Welt*. https://www.welt.de/wirtschaft/article157317959/Chinas-Superreiche-belegen-deutsche-Krankenhaeuser.html. Zugegriffen: 23. März 2018.

Frater Ernesto. (2009). Mulligan Stew rather than melting pot. https://www.orthocuban. com/2009/02/mulligan-stew-rather-than-melting-pot/. Zugegriffen: 24. Jan. 2018.

Galanti, G.-A. (2008). *Caring for patients from different cultures* (4. Aufl.). Philadelphia: University of Pennsylvania Press.

Germany Trade and Invest (GTAI). (2016a). Wirtschaftstrends Jahresmitte 2016 – Vereinigte Arabische Emirate. https://www.gtai.de/GTAI/Navigation/DE/Trade/Maerkte/suche,t=wirtschaftstrends-jahresmitte-2016–vereinigte-arabische-emirate,did=1511506.html#Medizintechnik. Zugegriffen: 10. Okt. 2017.

Germany Trade and Invest GTAI. (2016b). Branche kompakt Medizintechnik USA 2015. www.gtai.de. Zugegriffen: 10. Okt. 2017.

Healthcare Government. (o. J.). The children's health insurance program (CHIP). https://www.healthcare.gov/medicaid-chip/childrens-health-insurance-program/. Zugegriffen: 28. Jan. 2018.

Herrnleben, T. (2017). Pharmazeutische Produkte in China. In U. Reisach (Hrsg.), *Das Gesundheitswesen in China. Strukturen, Akteure, Praxistipps* (S. 149–163). Berlin: Medizinisch Wissenschaftliche Verlagsgesellschaft.

Huan, S. (2015). Gov't to end ceiling on medicine prices to keep costs in check. *China Daily*. http://www.ecns.cn/business/2015/05-06/164219.shtml. Zugegriffen: 23. Apr. 2018.

IQVIA Institute. (2017). Bericht: Medicines use and spending in the U.S. – A review of 2016 and outlook to 2021. https://www.iqvia.com/. Zugegriffen: 21. Jan. 2018.

Le Deu, F., Ma, L., & Wang, J. (2012). An essential strategy for the essential drug list. *McKinsey & Company Insights & Publications*. https://www.mckinsey.com/industries/pharmaceuticals-and-medical-products/our-insights/an-essential-strategy-for-the-essential-drug-list. Zugegriffen: 23. Apr. 2018.

Lemphul, M. (2015). Weltgrößter Markt wächst weiter. https://www.medizintechnologie.de/aktuelles/nachrichten/2015-4/weltgroesster-markt-waechst-weiter. Zugegriffen: 10. Okt. 2017.

Liang, Y., & Kammhuber, S. (2003). Ostasien: China. In A. Thomas, S. Kammhuber, & S. Scholl-Machl (Hrsg.), *Handbuch Interkulturelle Kommunikation und Kooperation. Band 2: Länder, Kulturen und interkulturelle Berufstätigkeit* (S. 171–185). Göttingen: Vandenhoeck & Ruprecht.

Moll, S. (2016). Obamacare ist schwer krank. Zeit Online. 20.09.2016. http://www.zeit.de/wirtschaft/2016-09/gesundheitsreform-usa-obamacare-barack-obama. Zugegriffen: 28. Jan. 2019.

Mühlhahn, K. (2017). *Die Volksrepublik China*. Berlin: De Gruyter.

Ng, A., Süssmuth-Dyckerhoff, C., & Then, F. (2012). Private health insurance in China: Finding the winning formula. McKinsey & Company Insights & Publications. https://www.mckinsey.com/~/media/McKinsey/Industries/Healthcare%20Systems%20and%20Services/Our%20Insights/Health%20International%20Issue%2012/Private%20health%20insurance%20in%20China%20finidng%20the%20winning%20formula.ashx. Zugegriffen: 23. Apr. 2018.

Nundy, M. (2016). Challenges to health service system in China: Institutional and financial reforms. In M. N. Islam (Hrsg.), *Public health challenges in contemporary China. An interdisciplinary perspective* (S. 9–23). Berlin: Springer.

Peill-Schoeller, P. (1994). *Interkulturelles Management – Synergien in Joint Ventures zwischen China und deutschsprachigen Ländern*. Berlin: Springer.

Reisach, U., & Cürten, F. (2017). Gesundheitsleistungen von Arbeitgebern. In U. Reisach (Hrsg.), *Das Gesundheitswesen in China. Strukturen, Akteure, Praxistipps* (S. 29–39). Berlin: Medizinisch Wissenschaftliche Verlagsgesellschaft.

Reisach, U., Bosch, C., Chatkowski, P., Herrnleben, T., Heuter, S., & Weinbuch, K. (2017). Herausforderungen der chinesischen Gesundheitspolitik. In U. Reisach (Hrsg.), *Das Gesundheitswesen in China. Strukturen, Akteure, Praxistipps* (S. 5–18). Berlin: Medizinisch Wissenschaftliche Verlagsgesellschaft.

Rothlauf, J. (2012). *Interkulturelles Management. Mit Beispielen aus Vietnam, China, Japan, Russland und den Golfstaaten* (4. Aufl.). München: Oldenbourg Wissenschaftsverlag.

Safdar, A. (2015). Health without border. Fresh perpectives from Dubai: Vison. Oct. 2015.

Schmitt-Sausen, N. (2017). USA: Versorgung von chronisch Kranken. ÖÄZ 1–2. http://www.aerztezeitung.at. Zugegriffen: 10. Okt. 2017.

Sreedharan, S. (2011). Sector in the pink of health – Life science & healthcare in the Middle East. Majlis *05*, 16. Publication of the German Industry & Commerce for Oman, Qatar & UAE. www.ahkuae.com. Zugegriffen: 10. Okt. 2017.

Statistisches Bundesamt. (2017). Einrichtungen, Betten und Patientenbewegungen. Krankenhäuser. https://www.destatis.de/DE/ZahlenFakten/GesellschaftStaat/Gesundheit/Krankenhaeuser/Tabellen/GDKrankenhaeuserJahreOhne100000.html. Zugegriffen: 28. Jan. 2018.

Süssmuth-Dyckerhoff, C., & Wang, J. (2012). China's Health Care Reforms. McKinsey & Company Insights & Publications. https://www.mckinsey.com/~/media/mckinsey/dotcom/client_service/healthcare%20systems%20and%20services/health%20international/ hi10_china_healthcare_reform.ashx. Zugegriffen: 24.März 2018.

U.S.-U.A.E. Business Council. (2014). The U.A.E. Healthcare Sector. Washington, D.C. usuaebusiness.org. Zugegriffen: 10. Okt. 2017.

Winkler, P. (23. Dezember 2017). Obamacare ist verwundet, aber noch am Leben. *Neue Zürcher Zeitung.* https://www.nzz.ch/international/obamacare-ist-verwundet-aber-noch-am-leben-ld.1342492. Zugegriffen: 28. Jan. 2018.

Xinhua. (12. April 2017). Xinhua Insight: China tritt als nächster globaler Hotspot für Medizintourismus hervor. *Fenster zu China.* http://german.xinhuanet.com/2017-04/12/c_136202511.htm. Zugegriffen: 23. März 2018.

Typische Situationen der interkulturellen Kommunikation in der Gesundheitswirtschaft und Handlungsmöglichkeiten

Kulturelle Unterschiede machen sich in Einrichtungen der Gesundheitswirtschaft dann bemerkbar, wenn Grenzen erfahren werden. So werden Personen mit Migrationshintergrund oft nicht verstanden, weder verbal noch nonverbal. Aber auch wenn die Gesundheits- und Krankheitsvorstellungen nicht den Vorstellungen des deutschen Gesundheitswesens entsprechen und religiöse Bedürfnisse nicht respektiert werden, stoßen wir auf diese Grenzen. Dasselbe gilt für die Beschäftigten in der Gesundheitswirtschaft (Falge und Zimmermann 2009). So wie jeder Mensch unterschiedliche Behandlungserwartungen und Bedürfnisse in Bezug auf Ernährung, Hygiene, Raum, Familien, Geburt und Sterben hat, werden diese Unterschiede auch in verschiedenen Kulturen deutlich.

Im Folgenden finden Sie Situationen aus den Einrichtungen der Gesundheitswirtschaft, in denen kulturelle Unterschiede deutlich werden. Diese kennen Sie vielleicht aus Ihrem Berufsalltag. Für alle Situationen ist es wichtig, dass Sie die individuellen Erwartungen und Bedürfnisse der Patienten erkennen. Weiter werden die interkulturellen Zusammenhänge deutlich, durch die ein manchmal nicht nachvollziehbares Verhalten verständlich wird. Dadurch reflektieren Sie auch Ihre eigenen Bedürfnisse und Vorstellungen von der Versorgung Kranker. Alle Situationen haben in ähnlicher Form tatsächlich stattgefunden. Damit sie nicht auf die betreffenden Personen zurückzuführen sind, wurde die Beschreibung der Situation leicht abgeändert.

5.1   Patientenzimmer

5.1.1   Beispiel: Bedürfnis nach Ruhe

In einem Krankenhaus in Deutschland kommt es zu Konflikten zwischen einer deutschen und einer türkischen Frau. Die deutsche Frau beschwert sich, weil die Zimmernachbarin immer sehr viele Besucher hat, die sich lautstark untereinander unterhalten.

Erklärung
Dieses Beispiel sorgt nicht nur bei Patienten, sondern auch beim Personal im Krankenhaus und in Pflegeheimen immer wieder für Diskussionen. Hier werden bereits die Kulturstandards deutlich: Ruhe, Distanz und Familie. Insbesondere die Ruhe im Krankheitsfall ist der besagten Patientin wichtig.

Handlungsmöglichkeit
Um diese einzelnen Bedürfnisse und Vorstellungen erkennen zu können, ist eine kulturelle Sensibilisierung notwendig: Ist es für die Patienten wichtig, dass möglichst viele Angehörige dabei sind? Isst die Patientin Schweinefleisch oder nicht? Bei jeder Sensibilisierung gegenüber Kulturen ist es jedoch auch wichtig, die individuellen Bedürfnisse der einzelnen Patienten zu betrachten (Jiménez Laux 2009). Im Kulturkreis mancher Patienten ist es üblich, dass viele Angehörige zu Besuch kommen, trotzdem ist es möglich, dass es dem Patienten auch einmal zu viel ist. Genauso gibt es Patienten mit einem türkischen Pass, die gerne Schweinefleisch essen.

Auch bedeutet dies nicht, dass alle Verhaltensweisen akzeptiert und mit interkulturellen Unterschieden erklärt werden müssen.

5.1.2   Beispiel: Hygiene und Sauberkeit

Ein Krankenhaus bietet für Privatpatienten oder gegen einen Aufpreis Einzelzimmer an, deren Badezimmer und WC mit einem anderen Einzelzimmer verbunden sind. In einem Einzelzimmer liegt ein ca. 40-jähriger Patient aus Saudi-Arabien, im anderen Zimmer ein ca. 50-jähriger Patient aus Deutschland. Die Ehefrau des deutschen Patienten hat sich bei dem ärztlichen Direktor des Krankenhauses beschwert, weil die Dusche immer so dreckig sei, nachdem der Patient aus Saudi-Arabien geduscht hat. Auch stört ihn der Wassereimer neben dem WC, dann sei ja gar kein Platz mehr, um sich zu bewegen.

Erklärung

Hier bahnt sich ein Konflikt an, weil sich zwei Patienten ein Badezimmer und ein WC teilen müssen, aber nicht miteinander sprechen können. In dieser Situation geht es um Sauberkeit, Zuständigkeiten und Bewegungsfreiheit.

Der saudische Patient denkt nicht daran, sich um die Sauberkeit der Dusche zu kümmern, denn erstens ist er krank und zweitens ist er zahlender Patient, da sollten Reinigungskräfte Zimmer, Bad und WC putzen. Er ist aus Saudi-Arabien daran gewöhnt, Hausangestellte und Bedienstete zu haben, die solche Arbeiten erledigen. Nur die Saudis, die sich keine Hausangestellten leisten können, putzen selbst. Auch in einem Krankenhaus gehen sie davon aus, dass Reinigungskräfte für Sauberkeit sorgen. Den Wassereimer braucht der saudische Patient, um sich nach dem Toilettengang gründlich zu reinigen, da es kein Bidet gibt. Für ihn bedeutet Sauberkeit, sich nach jedem Toilettengang zu waschen. Das „sich waschen und saubermachen" gehört bei Muslimen zu den Pflichten, die das Gebetsritual (fromme Muslime beten fünf Mal am Tag) beinhaltet, z. B. das Waschen von Gesicht, Armen, Händen und Füßen (Becker et al. 2001).

Das alles versteht die deutsche Seite nicht, denn auch wenn man Patient ist, hinterlässt man die Räume hinter sich in einem sauberen Zustand, weil man daran denkt, dass auch andere sich dort waschen und das WC benutzen. Der Eimer ist für das deutsche Ehepaar natürlich überflüssig und nimmt nur Platz weg. Nach dem Toilettengang kann man sich ja die Hände am Waschbecken waschen. Bidets sind in Deutschland nicht üblich, außer in manchen neueren Gebäuden.

Handlungsmöglichkeiten

Das Krankenhaus kann dem deutschen Patienten die Situation und die Hintergründe für das Verhalten des saudischen Patienten erläutern. Das würde möglicherweise den Gang zum ärztlichen Direktor hinauszögern. Denn hier wird auch die deutsche Kultur des Sich-Beschwerens deutlich. In Deutschland wird erwartet, dass das Krankenhaus das Problem löst und das möglichst sofort. So hat der saudische Patient überhaupt keine Zeit, die Situation zu verstehen.

Da für den saudischen Patienten die Reinigungsleistungen selbstverständlich sind und es ihm wichtig ist, sein Gesicht zu wahren, ist eine Erklärung unter vier Augen notwendig. Je nach Sprachkenntnissen des Saudis muss ein Dolmetscher miteinbezogen werden. In diesem Fall ist es sehr wahrscheinlich, dass der Saudi konservativ ist. Daher ist es ratsam, einen arabischen, männlichen Ansprechpartner für sensible Themen einzubeziehen. Denn alles, was mit der Intimsphäre zu tun hat, ist ein sensibles Thema. Unter vier Augen könnte der männliche Ansprechpartner dann die Situation erklären und so vermeiden, dass der Konflikt eskaliert (Matar 2014).

5.2   Patientengespräche

5.2.1   Beispiel: Die Geburt

Die 26-jährige Mina ist vor drei Jahren mit ihrer Familie aus Afghanistan geflüchtet. Ihre erste Tochter ist im Heimatland geboren, die zweite Tochter soll in Deutschland entbunden werden. Mina und ihr Mann sprechen wenig Deutsch, die erste Tochter, die mittlerweile auf ein Gymnasium geht, hat bei den Vorsorgeuntersuchungen immer übersetzt. Vor der kurz bevorstehenden Geburt hat die Mutter sehr große Angst, da sie nicht möchte, dass die Tochter dabei ist, aber sie so wenig Deutsch versteht. Ihr großes Vertrauen in die Ärzte und Hebammen in Deutschland gerät dadurch in den Hintergrund. Die deutsche Gynäkologin versteht die Angst nicht, denn die Vorsorgeuntersuchungen haben keine Auffälligkeiten aufgezeigt und Mina kennt bereits den Ablauf einer Geburt.

Erklärung
Die Müttersterblichkeit ist in Afghanistan sehr hoch, vermutlich höher als offiziell angegeben (Schröck und Drerup 1998). Das Land wurde als eines der gefährlichsten Länder für Mütter und werdende Mütter beschrieben. Es gibt immer noch einen Mangel an Kliniken und Hebammen – besonders in den Provinzen weit entfernt von den Zentren. Minas Ängste beruhen daher auf einer Situation, die sie aus ihrem Land kennt. Gebären wird oft mit der Gefahr des Sterbens in Zusammenhang gebracht.

Die Afghanin erlebt eine große Unsicherheit durch ihre Defizite in der deutschen Sprache und ihr Vorwissen über Geburt und Tod in ihrem Land. Ihr Mann kann ihr nicht helfen, da auch er der Sprache nicht mächtig ist. Die Tochter ist die einzige, die dolmetschen kann, und fungiert als Bindeglied zwischen Mina und den Ärzten und Pflegekräften. Aber die kleine Tochter soll keine traumatische Erfahrung durch die Geburt erleben, und genau das ist es, was Mina große Sorgen bereitet. Da sie muslimischen Glaubens ist, wird sich Mina nicht auf beruhigende Fakten verlassen, denn der Verlauf der Geburt ist in ihrem Glauben Schicksal bzw. Gottes Wille (Elger 2001; Miehl 2001).

Handlungsmöglichkeiten
Auch wenn der Glaube der Patientin an Gottes Willen stark ist, so bedeutet dies nicht, dass die Gynäkologin handlungsunfähig ist. Sie hat bei den Vorsorgeuntersuchungen keine Auffälligkeiten festgestellt und kann dies zunächst durch Minas Tochter weitergeben. Auch die Ultraschallbilder können Mina Sicherheit vermitteln.

Ebenso sollte eine Dolmetscherin einbezogen werden, die die Rolle von Minas Tochter ersetzen und diese dadurch schützen kann. Mina könnte mit der Dolmetscherin freier über ihre Ängste reden und so beruhigt werden. Durch die Dolmetscherin kann eine persönliche Beziehung zu der Ärztin aufgebaut werden, und so wird die Mischung aus Fakten und Empathie Mina helfen, ihre Ängste zu überwinden und an die Sicherheit der Geburt in Deutschland zu glauben.

5.2.2 Beispiel: Die Diagnose

Der 65-jährige Fabrikarbeiter Herr Papadopoulous aus Griechenland ist seit Kurzem Rentner. Seine erwachsenen Töchter haben sich als Rechtsanwältin und Lehrerin etabliert und seine Frau verbringt die Wintermonate bei ihrer Schwester in Griechenland. Er und seine Frau planen, nun in ihrem Ferienhaus auf Kreta den gemeinsamen Lebensabend zu verbringen. Herr Papadopoulous wollte nur noch schnell einen Gesundheits-Check-up erledigen, als sein Arzt ihm eine Überweisung in die Klinik für weitere diagnostische Verfahren ausstellt. Es besteht der Verdacht auf Lungenkrebs. Herr Papadopoulous sackt in seinem Stuhl zusammen, weint und bringt nur noch hervor: „Wo ist meine Eleni?".

Erklärung
Herr Papadopoulos' Welt bricht zusammen, als er die Diagnose des Arztes hört. Wichtig an diesem Beispiel ist, wie schlechte Nachrichten in der jeweiligen Kultur kommuniziert werden und was Herr Papadopoulos braucht, um sie zu verkraften. In vielen Kulturen werden schlechte Nachrichten entweder überhaupt nicht oder aber sehr behutsam und indirekt kommuniziert (Rollins und Hauck 2015). Der Arzt hat jedoch Herrn Papadopoulos direkt mitgeteilt, dass er alle seine Pläne zurückstellen und für weitere Untersuchungen in eine Klinik gehen muss. Die direkte Mitteilung kann der Patient nicht alleine verkraften und sucht nun nach Halt, um Kraft zu schöpfen und alles zu verstehen. Diese Kraft repräsentiert seine Familie und insbesondere seine Frau.

Handlungsmöglichkeiten
Der Arzt kann hier die emotionale Ebene des Patienten berücksichtigen, indem er den Patienten noch einmal einbestellt – dieses Mal in Anwesenheit seiner Frau und seiner Töchter. Er könnte aber auch nur mit Herrn Papadopoulos' Töchtern reden, die ihrem Vater dann die schlechte Nachricht überbringen. Auch wenn diese Vorgehensweise dem Effizienzbestreben der Gesundheitswirtschaft widerspricht, so trägt diese zum Genesungsprozess des Patienten bei.

Wenn Patienten wie Herr Papadopoulos eine gute Beziehung zu ihrer Familie haben, dann spielt die Familie eine wesentliche Rolle für den Verlauf der Krankheit, die Behandlung und die Genesung.

Empathie zu zeigen ist sehr wichtig. Insbesondere, wenn sich der Verdacht auf Lungenkrebs tatsächlich konkretisiert, sollten die heutzutage sehr guten Behandlungsmöglichkeiten und die Chancen auf Heilung immer wieder betont werden.

5.2.3   Beispiel: In der Apotheke

Eine Lateinamerikanerin, deren Eltern aus Spanien stammen, lebt seit drei Jahren in Deutschland. In ihrem Heimatland war sie es gewohnt, immer einen großen Vorrat an Paracetamol zu Hause zu haben, denn das Mittel wird dort bei jeder Befindlichkeit eingenommen. Daher war es für sie üblich, 10–15 Packungen auf einmal in der Apotheke zu kaufen. In Deutschland wird sie von der Apothekerin sehr intensiv befragt, warum sie so viele Paracetamol auf einmal benötige. Der Lateinamerikanerin ist dies unangenehm, denn sie will sich nicht rechtfertigen müssen. In ihrem Land ist es auch üblich, die Medikamente selbst einzukaufen und sie nicht vom Arzt verschreiben zu lassen. Nach diesem Vorfall hat die Lateinamerikanerin das Gesundheitsverhalten der Deutschen intensiv beobachtet und festgestellt, dass es v. a. in Akademikerkreisen in Deutschland üblich ist, Erkrankungen zuerst mit Naturheilkunde zu behandeln. Sie erlebt einen bewussteren Umgang mit Medikamenten.

Erklärung

Während in einem Land Paracetamol ohne Bedenken eingenommen wird und auch ohne große Schwierigkeiten verkauft werden kann, ist in dem anderen Land, und besonders in bestimmten Gesellschaftskreisen, die automatische und schnelle Einnahme von Medikamenten eher verpönt. Dazu gehört auch, dass Medikamente – auch „harmlose" – nicht in solchen Mengen einfach von Apothekern verkauft werden.

Sich wegen einer bestimmten Menge an Medikamenten rechtfertigen zu müssen, ist ein Eindringen in die Privatsphäre. So empfindet zumindest die Kundin die Reaktion der Apothekerin. Diese muss jedoch intensiv nachfragen, denn in Deutschland würde niemand einfach so viele Paracetamol-Packungen auf einmal kaufen wollen. Beide Seiten können sich das Verhalten der anderen nicht erklären: Auf einer Seite geht ein Medikamenteneinkauf niemanden etwas an, auf der anderen Seite gibt es Regeln und Gesetze, die befolgt werden müssen.

Handlungsmöglichkeiten
Die Apothekerin könnte sich vor ihrer Befragung mit Empathie, Humor und Interesse bei der Kundin informieren, ob der Mengeneinkauf im Heimatland der Kundin üblich sei. Das würde schon eine Tür öffnen, um zu erklären, dass es in Deutschland nicht üblich ist. Die Apothekerin könnte der Kundin dann sagen, wie viele Packungen sie auf einmal kaufen kann, und ihr dann vorschlagen, dass sie sich bei ihrem Arzt ein Rezept holt.

Die Kundin könnte sich bei der Apothekerin über Naturheilkunde informieren und dann auch besser verstehen, warum viele in ihrem Bekanntenkreis erst dazu greifen, bevor sie die Schulmedizin anwenden.

5.2.4 Beispiel: Aufnahme in die Psychiatrie

Werden Patienten in Akutsituationen eingewiesen, so findet die Aufklärung in der Psychiatrie in der Regel auf Deutsch statt – egal, ob jemand den Text versteht oder nicht. Erst im Behandlungsverlauf wird das Personal mit einbezogen, das die entsprechende Sprache beherrscht.

Erklärung
In Akutsituationen muss schnell gehandelt werden und es gibt kaum die Möglichkeit, den Patienten richtig zu aufzuklären.

Handlungsmöglichkeiten
Falls Angehörige bei der Aufnahme dabei sind, kann mit viel Einfühlungsvermögen gezeigt werden, dass alles getan wird, um dem Patienten eine gute Lösung anzubieten (Laabdallaoui und Rüschoff 2010).

Die Schwierigkeit besteht darin, dass die akute Situation wenig Zeit zum Reden und Diskutieren erlaubt. Falls Dolmetscher anwesend sind, werden sie mit einbezogen, ansonsten sind Aufklärungstexte in allen möglichen Sprachen hilfreich. Auch wenn manche Patienten in Ausnahmesituationen nicht lesen können, so kann man diese Texte auch vorlesen.

5.2.5 Beispiel: Im Pflegeheim

Ein griechischer Bewohner hat einen Schlaganfall erlitten, wobei auch sein Sprachzentrum betroffen ist und er sich nun nicht mehr artikulieren kann. Seine

Ehefrau kann kaum Deutsch, sodass eine Anamnese nicht möglich ist. Die Kommunikation verläuft vorwiegend nonverbal.

Erklärung

In solchen Situationen sind Informationen durch die verbale Kommunikation sehr wichtig, um die Lage des Patienten bzw. des Bewohners einschätzen zu können. Der Arztbrief alleine reicht nicht aus, denn die Gewohnheiten und andere Informationen über den Patienten sind genauso wichtig. Nur so kann der weitere Behandlungs- und Pflegeverlauf angepasst werden. Doch hier funktioniert die verbale Ebene der Kommunikation nicht, da die Ehefrau kein Deutsch spricht, und die nonverbale Kommunikation (Kap. 2) kann diese nicht ausgleichen.

In Deutschland ist es üblich, über eine Situation zu sprechen, um alles klar darstellen zu können. Diese lebenswichtigen Informationen werden über die verbale Kommunikation weitergegeben. Wichtig bei der Kommunikation ist, dass die Botschaften richtig gesendet und interpretiert werden: Dabei können durch Gesten, Gesichtsausdrücke, Kopfbewegungen und Körpersignale die Botschaften unterstrichen werden.

Handlungsmöglichkeiten

Oft sprechen und schreiben die Menschen eine Sprache nicht, verstehen aber doch viel mehr als man denkt. Daher ist es wichtig, die Informationen, die nonverbal kommuniziert werden, mit zusätzlicher Gestik und auch in Kombination mit Fragen (z. B. „*So* ist er auf den Rücken gefallen, richtig?") zu bestätigen. Die Kommunikation wird zu einem Mix aus verbal und nonverbal.

In diesem Fall könnte es auch hilfreich sein zu versuchen, einen anderen griechischen Mitbewohner oder Verwandten hinzuzuholen.

5.2.6   Beispiel: In der Notaufnahme

Eine Patientin aus Venezuela berichtet: In Venezuela gibt es keine Hausärzte, sondern Patienten gehen direkt zum Spezialisten. Diese nehmen sich sehr viel Zeit und reden sehr viel mit den Patienten. Auch ist es üblich, dass die niedergelassenen Spezialisten jederzeit von ihren Patienten angerufen werden dürfen. Daher war eine Mutter aus Venezuela sehr erschrocken, als sie mit ihrer Tochter in der Notfallaufnahme einer Kinderklinik in Deutschland war und noch Fragen zur Versorgung der Platzwunde ihrer Tochter stellte. Sie wurde vom Arzt unwirsch darauf hingewiesen, dass doch alles auf dem Zettel stehen würde. In Deutschland erlebt sie die Ärzte immer in Eile, sie sind sehr formell und wenig empathisch.

Sie vermutet, dass die Ärzte deswegen so bedacht auf ihre Worte sind, da sie vermeiden möchten, dass die Worte gegen sie verwendet werden. In Venezuela würde kein Patient auf die Idee kommen, einen Arzt zu verklagen, in Deutschland vermutet sie das schon eher.

Erklärung
Die Patientin hatte andere Erwartungen als sie zum Arzt ging, und diese Erwartungen wurden abrupt enttäuscht. Sie konnte das für sie unwirsche Verhalten des Arztes nicht einordnen, da es nicht mit ihren Erfahrungen in Notfallambulanzen übereinstimmt.

Der Arzt in der Notfallaufnahme war unter Zeitdruck, denn es ist üblich, dass Notaufnahmen meistens voll und in der Regel unterbesetzt sind. In Deutschland redet man eher mit dem Hausarzt – oder in diesem Fall dem Kinderarzt –, der die Behandlung übernimmt. Die Notfallklinik hat die Aufgabe, den Patienten rasch und effizient zu versorgen, um die Notlage zu lindern. Die Kommunikation bleibt dabei auch minimal, denn alles, was man braucht steht auf dem Rezept oder Überweisungsschein. Der Notfallmediziner braucht Empathie oder Gespräch nicht, er muss handeln und sich dann auf den nächsten Patienten konzentrieren.

Für die Patientin ist diese Kommunikation auf Effizienz getrimmt und entspricht nicht ihren Vorstellungen vom Arzt, der auch tröstet, dem Patienten ein Sicherheitsgefühl gibt und ihm Empathie entgegenbringt (Galanti 2008).

Handlungsmöglichkeiten
Es ist schwierig, so eine Lage zu ändern, da der Druck auf Ärzte sehr groß ist und sie meist überfordert sind. Wirkungsvoller ist es, Menschen, die nach Deutschland migrieren, ausführlich über das Gesundheitswesen und die Kommunikation in diesem Land zu informieren.

5.3   Pünktlichkeit und Warten

5.3.1   Beispiel: In der Physiotherapie

Die Physiotherapeutin Frau Kreiner arbeitet in der orthopädischen Abteilung einer Kinderklinik. Durch den Behandlungsvertrag der Kinderklinik mit einer orthopädischen Klinik in Katar werden hier regelmäßig Kinder aus Katar nach ihrer OP mobilisiert. Die Termine sind in 20-minütigen Abständen vergeben, daher ist ein pünktliches Erscheinen der Patienten wichtig. Die Kinder kommen regelmäßig zu spät, da die Mütter „noch etwas erledigen mussten". Die Kommunikation findet auf Englisch statt, was Frau Kreiner zwar keine Probleme bereitet, doch sie ist sich nicht sicher, ob ihre Erklärungen auch so ankommen, dass die Mütter das nächste Mal pünktlich erscheinen. Denn die Mütter lächeln und sagen: „It doesn't bother me waiting in the room. We have plenty of time."

Erklärung

Um effizient zu sein und gute Ergebnisse in der Behandlung der Patienten zu erreichen, werden diese Behandlungen zeitlich sehr getaktet und sehr pünktlich organisiert. Es geht darum, diese Dringlichkeit so zu kommunizieren, dass die Mütter das akzeptieren und sich daran halten.

Zwei wichtige Themen sind hier angesprochen: Effizienz und Zeitkonzept. Dazu kommt die Sprache, Englisch, die eine Fremdsprache für beide Seiten darstellt, d. h. Nuancen werden nicht richtig eingesetzt und kommuniziert (Raddawi 2015a, b). Für Frau Kreiner ist das Ziel, dass alle Kinder die besten Ergebnisse aus der Behandlung bekommen sollen. Um dieses Ziel zu erreichen, müssen Abläufe ordentlich und auch pünktlich durchgesetzt werden. Die Taktierung erlaubt eine geordnete Reihenfolge. Zeit ist bei Frau Kreiner nicht „dehnbar", da sie viele Patienten behandeln muss, und der Tag hat ja nur 24 h.

Für die meisten Mütter in diesem Beispiel ist eine halbe Stunde mehr oder weniger nicht der Rede wert. Zeit ist „dehnbar" (Galanti 2008) und da sie sich meistens um ihre Kinder kümmern, können sie beruflichen Druck nicht nachvollziehen. Auch wenn ihr Englisch sehr gut ist, könnte es sein, dass sie die Dringlichkeit der Lage nicht aus Frau Kreiners Worten entnehmen können (Rothlauf 2006).

Handlungsmöglichkeiten

Hier kann die Abteilung sogenannte „Zeitpuffer" einbauen, damit die eingeplanten Zeiten vor und nach der Behandlung einen gewissen Spielraum bieten. Frau Kreiner könnte ihre Behandlungsliste so gestalten, dass Behandlungen getauscht werden können.

Eine andere wichtige Maßnahme wäre, einen engeren Kontakt zu den Familien der Patienten und Patientinnen aufzubauen: Das bedeutet z. B., kurz vor dem Termin noch einmal anzurufen, daran zu erinnern und zu erklären, warum es so wichtig ist, rechtzeitig zu erscheinen.

In der verbalen Kommunikation, und um wirklich richtig verstanden zu werden, muss Frau Kreiner unbedingt mehr Fragen stellen oder noch einmal die wichtigen Punkte wiederholen, z. B.: „Wann sehen wir uns übermorgen?" oder

„Kommen Sie bitte um genau 14 Uhr. Nicht später, bitte. Wir wollen ja die besten Ergebnisse für die kleine Lamya erreichen, oder?"

Als letzte Maßnahme, die nur in extremen Fällen eingesetzt werden sollte, wenn sich keine Einsicht zeigt, wird die Behandlung nicht weitergeführt.

5.3.2 Beispiel: Wartezeiten in der Gemeinschaftspraxis

In einer orthopädischen Gemeinschaftspraxis mit 5 Orthopäden sitzen ca. 20 Patienten in einem großen Wartesaal, der auch als Durchgangszimmer genutzt wird. Manche Patienten werden früher in die jeweiligen Behandlungszimmer gerufen als andere Patienten, die schon länger warten. Ein 23-jähriger Patient mit arabischem Aussehen wartet schon seit ca. einer Stunde. Immer wieder atmet er laut auf, berührt sein linkes Knie und verzieht vor Schmerzen sein Gesicht. Seinem Smartphone und den Zeitschriften schenkt er keine Beachtung mehr. Nachdem nach und nach die meisten Patienten aufgerufen worden sind, sagt er laut: „Was ist das denn? Das kann man ja mit mir machen, weil ich Ausländer bin." Ein anderer Mann versucht ihn mit ruhiger Stimme zu besänftigen: „Wir müssen alle warten." Darauf geht der wütende Patient nicht ein und schlägt mit der flachen Hand auf die Wartebank. An der Anmeldung sagt die Medizinische Fachangestellte zu ihm: „Sobald der Doktor Zeit hat, kommen Sie dran." Als er 20 min später immer noch nicht aufgerufen worden ist, verlässt der Patient schimpfend die Praxis.

Erklärung
Der Patient hat offenbar Schmerzen und wartet schon seit über einer Stunde. Er wird nicht beachtet, sondern immer wieder vertröstet. Er rastet aus und verlässt die Praxis. Der Patient vermutet, dass sich sein Aussehen negativ auf die Wartezeit ausgewirkt hat. Die Argumente zur Beruhigung erreichen den Patienten nicht mehr, da die momentanen Bedürfnisse des Patienten nach, Anerkennung, Klarheit und Schmerzbefreiung nicht berücksichtigt werden.

Schmerz wird unterschiedlich wahrgenommen und ausgedrückt. Nicht selten kommt es zu Äußerungen des Gesundheitspersonals wie „Mediterranes Syndrom" und „Morbus Bosporus", um damit Unsicherheit im Umgang mit unterschiedlichen Schmerzäußerungen zum Ausdruck zu bringen (Zimmermann 2009). Hier ist es wichtig, dass sich alle Beschäftigen in der Gesundheitswirtschaft erst einmal selbst mit dem Begriff Schmerz auseinandersetzen und dann akzeptieren, dass Schmerz das ist, was der Betroffene über Schmerzen ausdrückt. Schmerzen sind dann da, wenn der Betroffene sagt, dass er Schmerzen hat (Schröck und Drerup 1998; Schreiner 2017).

Handlungsmöglichkeiten
Der Patient hat die für ihn unendlich wirkende Wartezeit nicht mehr aushalten können und konnte sich nicht erklären, warum andere Leute schneller behandelt wurden, obwohl er offenbar starke Schmerzen hat. In dem Fall kann man nicht argumentieren („Wir müssen alle warten"), sondern muss versuchen, eine Deeskalation zu erreichen, indem eine bestimmte Zeit genannt wird („Sie kommen in 10 Minuten dran") oder ein leichtes Beruhigungsmittel für die Übergangszeit angeboten wird. Manchmal genügt es, wenn jemand mit dem Patienten redet und ihn nach dem Problem fragt. Dies kann auch zur Vorbereitung für die Untersuchung dienen.

5.4   Im Todesfall

5.4.1   Beispiel: Die rituelle Waschung

Im Krankenhaus stirbt nachts Herr Tökmel, ein 80-Jähriger muslimischen Glaubens. Seine Familie wird erst vom Frühdienst informiert, weil die Pflegekraft im Nachtdienst „nicht mehr dazu gekommen ist". Wie es in diesem Krankenhaus üblich ist, wurden bei Herrn Tökmel alle Zugänge und Drainagen entfernt, er wurde gesäubert und mit einem frischen Nachthemd in einen Aufbewahrungsraum gebracht. Die Familie erscheint um 11 Uhr völlig aufgelöst im Stationszimmer und die Tochter meint: „Warum haben Sie uns nicht angerufen? Wir haben doch unsere Handynummer hinterlassen und gesagt, Sie können uns jederzeit anrufen. Bei uns ist es üblich, dass die Familie den Verstorbenen versorgt und nicht eine Ungläubige. Mein Vater landet jetzt in der Hölle!".

Erklärung
In diesem Beispiel geht es darum, dass der verstorbene Mann islamischen Glaubens versorgt wurde, ohne dass die wichtige rituelle Waschung durchgeführt wurde und damit sein „Übergang" nicht richtig vorbereitet worden ist.

Im Krankenhaus muss alles zügig gehen, und wenn Menschen sterben, dann wird ordentlich und schnell gehandelt. Die Religion und religiöse Riten bleiben dabei oft auf der Strecke. Muslime glauben, dass falsche oder unzureichende Sterberituale dazu führen können, dass der Verstorbene nicht ins Paradies kommt und ewiges Leben erlangt. Im Islam wird der Tote von seinen Angehörigen ritu-

ell mit geeignetem Wasser (nicht zu kalt, nicht zu heiß) gewaschen. Erfahrungs-
berichte zeigen, dass diese Waschung nicht in allen Krankenhäusern ohne
Probleme durchgeführt werden kann, weil sie die Prozesse aufhält (Becker et al.
2001; Köck und Murtaza 2009; von Bose und Terpstra 2012).

Handlungsmöglichkeiten
Mehr und mehr Muslime leben und sterben in Deutschland, und nur in manchen
Krankenhäusern gibt es eine größere Sensibilität für religiöse Gefühle und Ritu-
ale als in anderen. Für Muslime ist es wichtig, dass die Verstorbenen von den
Familienangehörigen versorgt werden.

In diesem Bespiel könnte die Familie präsenter sein, d. h. jemand könnte
immer beim Sterbenden bleiben, um alle Schritte genau durchführen zu können.
Falls es nicht möglich ist, permanent da zu sein, könnten die Angehörigen öfter
anrufen und fragen, wie es dem Sterbenden geht.

Das Krankenhaus sollte die wichtigen Anrufe tätigen. Dazu muss die
Sensibilität für die Religion und den Sterbeprozess in der Religion auch vorhanden sein. Die Telefonnummer der Gemeinde des Sterbenden kann nützlich
sein, denn die Angehörigen könnten dann auch auf diese Weise erreicht werden.

Um die Ängste der Familie zu beseitigen, könnte ein Imam oder muslimischer
Geistlicher bestellt werden, um ein Gespräch mit den Angehörigen zu führen und
ihnen zu versichern, dass sie nichts Falsches getan haben, weil sie den Todeszeit-
punkt nicht kannten und vom Krankenhaus nicht rechtzeitig angerufen worden
sind (Becker et al. 2001; Köck und Murtaza 2009; von Bose und Terpstra 2012).

5.4.2 Beispiel: Die Bestattung

Ein muslimischer Patient verstirbt im Pflegeheim und wird bereits zwei Stunden
nach dem Eintreten des Todes zum Flughafen abtransportiert. Der Arzt hat den
Tod noch nicht bescheinigt.

Erklärung
Muslimen ist es sehr wichtig, den Verstorbenen innerhalb von 48 h zu bestatten.
Und wenn die Bestattung in einem anderen Land stattfindet, dann muss alles
besonders schnell gehen. Eine Bescheinigung ist jedoch für alle Schritte nötig,
und ohne diese Bescheinigung können auch viele Verzögerungen eintreten.

Im Todesfall handeln die Angehörigen so schnell sie können, um dem Verstorbenen das Beste zu bieten und den Übergang zum Leben nach dem Tod so
reibungslos wie möglich zu gestalten. Die Angehörigen sind emotional sehr

belastet und ein Papier scheint in dem Moment nicht so wichtig zu sein, denn es wurde ja alles bezahlt und geregelt, sodass der Verstorbene schnell zu seiner letzten Ruhestätte in der Türkei überführt werden kann (Becker et al. 2001; von Bose und Terpstra 2012).

Handlungsmöglichkeiten
Hier kann das Krankenhaus sehr früh die Kooperation der Verwandten erbitten und erklären, dass ohne Todesschein Verzögerungen am Flughafen eintreten können und die Rückführung verlangsamt wird. Bei den Verwandten könnte sich eine Person dafür zuständig erklären, einen „kühlen Kopf" zu behalten, um sich um solche Dinge früh genug zu kümmern. Diese Person wäre auch ein Ansprechpartner für das Krankenhaus, wenn die Familie emotional zu belastet ist.

5.5   Die Bedeckung

5.5.1   Beispiel: Verschleierung

Eine Frau aus Saudi-Arabien ist Patientin auf einer Station der inneren Medizin, kann sehr schlecht Deutsch und wird von ihrer unverheirateten Tochter begleitet, die dolmetschen kann. Sobald ein männlicher Arzt oder eine männliche Pflegekraft das Zimmer betritt, wirft die Tochter panisch ihre Abaya (Gewand) über.

Erklärung
Das Personal im deutschen Krankenhaus braucht die Hilfe der Tochter, um sich mit der Mutter zu verständigen, aber die Pflegekräfte und Ärzte können nicht verstehen, warum die Tochter so in Panik gerät, wenn ein Pfleger den Raum betritt.
    Die Familie ist eine offenbar sehr traditionelle und religiöse saudische Familie. In konservativen muslimischen Kreisen dürfen Frauen nur vor männlichen Verwandten ihr Gewand ablegen. Vor jedem anderen Mann, der sie sehen kann, sind sie verpflichtet, sich zu verhüllen.

Handlungsmöglichkeiten
Der Grad der Verhüllung schwankt sehr, und es gibt verschiedene Möglichkeiten, sich islamkonform zu kleiden. Die Tochter könnte sich möglicherweise für eine Variante entscheiden, die weniger aufwendig ist und z. B. nur den Kopf bedeckt. Die Kleider könnten auch weit geschnitten sein und so eine Abaya mit Vollverschleierung für den Alltag im Krankenhaus ersetzen (Breuer 1998; Matar 2014).

Das Krankenhaus sollte die Tradition berücksichtigen und nur weibliches Pflegepersonal das Zimmer betreten lassen. Wenn dies nicht möglich ist, könnte der Tochter kommuniziert werden, dass es leider nicht geht, dass man sie aber verstehen kann und ihre Pflichten kennt, und dass sie daher ihr Gewand immer tragen sollte.

5.5.2 Beispiel: Das Kopftuch im OP

Eine Chirurgin aus Libyen hat sich in einem deutschen Krankenhaus beworben. Sie möchte im OP ihr Kopftuch nicht ablegen. Als sie im Bewerbungsgespräch darauf hingewiesen wurde, dass dies nicht den hygienischen Vorschriften entspräche, meinte sie, in Libyen wäre dies normal und wenn eine Infektion entsteht, dann sei dies gottgewollt.

Erklärung
Die Chirurgin möchte in einem Krankenhaus in Deutschland arbeiten und ihr Kopftuch nicht ablegen. Da besonders im OP-Bereich die Vorschriften sehr streng sind, ist es für sie nicht möglich, mit Kopftuch zu arbeiten. Eine Einweg-Haube bekommt sie, aber sie darf das eigene Kopftuch nicht benutzen.

Die Chirurgin ist offenbar traditionell und religiös und sieht kein Hindernis darin, im OP-Saal mit Kopfbedeckung zu operieren, solange sie ihre Arbeit gut macht. In ihrem Kulturraum werden Dinge als direkt von Gott geschickt gesehen, besonders wenn es um Gesundheit geht. Dann ist es sehr oft unmöglich, etwas dagegen zu tun, und der Mensch muss sein Schicksal mit Geduld akzeptieren. Daher sieht die Chirurgin keinen direkten Zusammenhang zwischen Kopftuch und möglichen Infektionen.

Handlungsmöglichkeiten
Da die Hygienevorschriften im Krankenhaus zu Recht sehr streng sind, gibt es hier wenig Handlungsmöglichkeiten, um auf den Wunsch der Chirurgin einzugehen. In islamischen Ländern gelten einfach andere Vorschriften. Der Ärztin kann nur kommuniziert werden, dass man sie als Medizinerin sehr schätzt, dass Hygiene jedoch über persönliche Wünsche und den Glauben gestellt werden muss.

5.6   Eskalierte Situationen

5.6.1   Beispiel: Begleit- und Vertrauenspersonen in der Notaufnahme

Eine 35-jährige Südeuropäische Frau wird per Rettungswagen in die Notaufnahme eingeliefert. Nach der Übergabe durch den Rettungsdienst wird die Patientin in ein Behandlungszimmer gebracht und versorgt. Kurze Zeit nach dem Eintreffen melden sich bereits erste Angehörige, die zu ihr wollen. Ihnen wird erklärt, dass es aktuell nicht möglich sei, zu der Patientin zu kommen, da sie sich noch im anfänglichen Behandlungsprozess befindet. Kurze Zeit später: Weitere Angehörige treffen ein (mittlerweile etwa 8 Personen), stellen erneut die Frage nach der Patientin und erhalten ebenso die Erklärung von den Kollegen am Empfangstresen. Die Versammlung von Angehörigen tritt als Gruppe vor den Empfangstresen, redet durcheinander auf den Mitarbeiter dort ein.

Da in der Zwischenzeit die anfänglichen Untersuchungen abgeschlossen sind, wird daraufhin vereinbart, dass ein Angehöriger in das Patientenzimmer darf. Die Gruppe stimmt nach kurzem Zögern zu. Ein enges Familienmitglied wird von einem Mitarbeiter ins Zimmer begleitet. Der Angehörige verlässt nach kurzer Zeit das Patientenzimmer und holt alle weiteren Angehörigen dazu. Im ohnehin viel zu kleinen Raum befinden sich nun etwa 10 Personen. Dies wird durch einen Mitarbeiter der Notaufnahme bemerkt, der sich umgehend in den Raum begibt und durch ein lautes „RAUS!" die Angehörigen aus dem Zimmer zitiert. Diese reagieren ebenso mit einem lauten Ton, es folgt sich ein Wortgefecht zwischen der Pflegekraft und den Angehörigen, die Situation eskaliert und der Mitarbeiter wird daraufhin körperlich angegriffen. Die Lage kann letztlich nur noch durch die Polizei aufgelöst werden.

Erklärung

Die Notfallambulanzen werden vermehrt nachts und am Wochenende aufgesucht. Die Klinikstruktur sieht jedoch vor, dass wirklich nur Notfälle in den Notfallambulanzen behandelt werden. So wird ein Konflikt verschärft, indem sich das Personal als Leistungserbringer in Notfallsituationen sieht und nicht als Behandler von generellen Beschwerden.

Im deutschen Kontext würde die Patientin von einer bis höchstens zwei Personen begleitet werden. Diese Personen sind auch nicht permanent da, sondern stehen zur Seite, wenn die Patientin auf das Zimmer verlegt oder entlassen wird. Es wird viel Rücksicht auf die Arbeit der Fachkräfte genommen, und es ist üblich, dass man sie einfach ihre Arbeit machen lässt.

In kollektivistischen Gesellschaften, in denen die Familie, die Sippe oder der Clan eine Hauptrolle im Leben der Menschen spielt, ist es selbstverständlich, dass möglichst viele Personen, um den Patienten stehen. Südeuropäer leben meistens in kollektivistischen Gesellschaftsstrukturen.

Hier unterscheiden sich auch die Definitionen von „Familie": Es geht im deutschen Kontext um die kleine Familie, mit Eltern, Kindern und vielleicht noch den Großeltern. Im kollektivistischen Kontext gehören zur Familie auch ferne Verwandte. Zur Pflicht der „Familie" gehört es, einander zu unterstützen, und damit nicht nur die Person, die in einer schwierigen Situation ist, sondern auch ihre Eltern, Geschwister, Partner usw.

Handlungsmöglichkeit
In solchen Situationen ist es wichtig, von Anfang an und wenn die Gruppe noch klein ist eine Autoritätsperson einzubinden. Diese kann versuchen, mit Empathie und energischem Auftreten die Eskalation zu vermeiden. Den Angehörigen kann vielleicht ein Aufenthaltsraum gezeigt werden, wo sie warten können, bis die Behandlung beendet ist. Dann könnte man die Angehörigen in Zweiergruppen begleiten, sodass sie ihre Pflicht tun können, nämlich sich nach dem Wohl der Patientin erkundigen, und sie dann wieder hinausbringen. Der Aufwand würde sich definitiv lohnen und die Eskalation in einer angespannten Situation verhindern.

5.6.2 Beispiel: In der Einschleuse

Ein 65-jähriger Patient aus Saudi-Arabien wird in die Schleuse zur Vorbereitung für den OP gefahren. Der Patient hat zwei Flügelhemden so angezogen, dass die jeweils offene Seite von einem anderen Flügelhemd bedeckt wird. Die weibliche OP-Fachkraft hat keine Information darüber erhalten, dass der Patient aus Saudi-Arabien stammt, berührt seinen Rücken und fordert ihn auf, das obere Hemd für die OP auszuziehen. Der saudi-arabische Patient gibt daraufhin der OP-Fachkraft eine Ohrfeige und meint, er wolle keine weibliche Person im OP haben. Daraufhin wird er wieder ausgeschleust.

Erklärung
Die Pflegekraft hat aus Unwissenheit und Mangel an Vorbereitung Fehler gemacht, die zu einer heftigen Reaktion des Patienten geführt haben.

Der saudische Patient ist als gläubiger Muslim in seinem Land nicht daran gewöhnt, von Pflegekräften so „respektlos" behandelt zu werden. Im Nahen und Mittleren Osten werden Männer meistens von männlichen Fachkräften behandelt, besonders wenn es um ältere Patienten geht. Auch wird älteren Männern sehr viel Respekt entgegengebracht. Doch der Patient aus Saudi-Arabien wurde körperlich von einer Frau berührt, die zu ihm in keiner Verwandtschaftsbeziehung steht, und das ist nicht erlaubt. Auch hat sie ihn flapsig aufgefordert, sich auszuziehen. Damit hat sie seine Würde verletzt und sein Schamgefühl nicht berücksichtigt. Der Patient ist er daran gewöhnt, von „Bediensteten" (eine Pflegekraft ist kein Arzt oder Spezialist) anders behandelt zu werden.

Die Pflegekraft wurde nicht auf diese sensible Situation hingewiesen und hat keine Informationen erhalten, die ihre Arbeit erleichtert hätten. Sie hat gehandelt, wie sie immer handelt, und ihr Verhalten ist aus der Perspektive des deutschen Kontexts absolut in Ordnung gewesen.

Handlungsmöglichkeiten
Die Pflegekraft hätte jedenfalls wissen sollen, dass der Patient Saudi und Muslim ist und dass einiges beachtet werden muss, was nicht dem normalen Ablauf entspricht. Eine Möglichkeit wäre, auf dem Protokoll die Herkunft und den Glauben des Patienten zu dokumentieren.

Es wäre auch hilfreich gewesen, einen männlichen Pfleger für diese bestimmte Situation zu stellen. Auch wenn der Umgang mit dem Patienten höflicher gewesen wäre, wäre die Situation nicht so eskaliert.

5.7   Interkulturelle Teams

5.7.1   Beispiel: Die spanischen Kolleginnen

Ein kleines Kreiskrankenhaus hat spanische Pflegekräfte angeworben, die gerade ihren Abschluss Bachelor of Nursing an einer spanischen Universität absolviert haben. Die Sprachkenntnisse wurden auf B2-Niveau eingestuft.

Drei Pflegekräfte aus Spanien werden auf der gynäkologischen Station eingesetzt. Nach kurzer Zeit kommt es im Team zu Unruhen, da die spanischen Pflegekräfte sich kaum mit Kollegen und Patienten verständigen können. Auch ist eine spanische Pflegekraft irritiert, dass sie die Patienten nur waschen dürfte. Sie meint: „In Spanien dürfte ich jetzt einen ZVK legen." Die Pflegekräfte auf der Station sind irritiert, da die Pflegekräfte aus Spanien so wenig Praxiserfahrung haben. Erst nachdem sie sich zusammengesetzt haben wird deutlich, dass die Spanierinnen an der Uni ausgebildet werden und die pflegerischen Tätigkeiten sich vorwiegend auf die Behandlungspflege konzentrieren.

Erklärung

In Spanien ist es üblich, dass Pflegekräfte in einem landesweiten Pool gelistet sind und ihr Einsatz zentral geregelt wird. Das bedeutet, dass die Pflegekräfte manchmal einen Vertrag von einer Woche erhalten und dann zum Wochenanfang wieder neu eingesetzt werden. Die Quote der arbeitslosen Pflegekräfte ist in Spanien sehr hoch.

In Spanien werden Pflegekräfte an Universitäten ausgebildet. Sie erhalten in der Regel nach 4 Jahren einen Bachelor-Abschluss in Nursing. Auch wenn im Universitätsstudium mehrere Wochen Praktikum vorgesehen sind, so weist die Pflegeausbildung in Spanien doch mehrere Unterschiede zur Pflegeausbildung in Deutschland auf, wo die Ausbildung zum Großteil in den Krankenhäusern und angegliederten Krankenpflegeschulen stattfindet. Auch üben Pflegekräfte in Spanien vorwiegend Behandlungspflege aus.

Aus der Art der Pflege (Behandlungspflege und Grundpflege) resultiert auch der Status einer Pflegekraft. In diesem Fall haben sich die spanischen Pflegekräfte degradiert gefühlt, da sie nur grundpflegerische Tätigkeiten ausüben durften. Auf deutscher Seite stößt diese Haltung auf Unverständnis.

In Spanien genießt die Pflegekraft einen höheren Status als in Deutschland, da ihre Ausbildung an der Universität stattfindet und sie ärztliche Tätigkeiten ausüben darf. Der Status von Pflegekräften in Deutschland erscheint den Spanierinnen niedriger zu sein, da die deutschen Kolleginnen viel weniger Verantwortung tragen dürfen. Es kommt zu Reibungen, wenn die einen sich „erniedrigt" fühlen, und die anderen deren „Arroganz" nicht verstehen können.

Handlungsmöglichkeiten

Die spanischen Pflegefachkräfte sollten schon am Anfang ihrer Tätigkeit Informationen zu den Aufgaben in deutschen Krankenhäusern erhalten. Ihnen kann erläutert werden, inwiefern die zwei Systeme sich unterscheiden. Auch während der Einarbeitung sollten die Unterschiede fachlich und empathisch erklärt werden. Eine interkulturelle Schulung für alle Teammitglieder – oder zumindest für die Praxisanleiter – würde das Verständnis für Pflegesysteme in anderen Ländern erhöhen.

5.7.2   Situation: Die OP-Pflegefachkraft aus China

Im Zentral-OP eines großen Krankenhauses ist seit kurzem eine Fachkraft aus China beschäftigt, deren mangelnde Sprachkenntnisse die Kommunikationsfähigkeit jedoch schwierig machen. Die Kommunikation im OP muss jedoch sehr

schnell und unmissverständlich erfolgen. Daher wird der OP-Pflegekraft emp-
fohlen, zunächst auf einer peripheren Station zu arbeiten, um ihr Deutsch zu verbessern. Denn auch Versuche, sie zu einem Deutschkurs zu bewegen oder mit ihr
in der Freizeit etwas zu unternehmen, um die mündliche Kommunikation zu verbessern, wurden abgelehnt. In den Pausen verhält sie sich sehr still und die Freizeit verbringt sie nur mit chinesischen Kolleginnen.

Da eine reibungslose Kommunikation im OP unerlässlich ist, wird ihr in der
Probezeit gekündigt. Sie weint sehr heftig, weil sie nicht nach China zurückkönne.

Erklärung

Die chinesische Fachkraft scheint nicht zu verstehen, wie wichtig es ist, fließend
Deutsch zu sprechen. Die Verantwortlichen haben ihr erklärt, warum, und was
sie tun muss, um die Aufgaben erfüllen zu können. Da sie nichts geändert hat,
musste sie gekündigt werden.

Dass die chinesische Pflegekraft nicht wirklich auf die Aufforderungen
reagiert hat, könnte natürlich an der fremden Sprache liegen, dem Ton der Auf-
forderung und daran, dass sie nicht verstanden hat, wie ernst die Lage ist. Auch
wird in China nicht direkt Kritik geübt, um das Gesicht zu wahren. Von deutscher
Seite hat man angemahnt, Vorschläge gemacht und beobachtet, dass die chinesische Pflegekraft einfach weitergemacht hat.

Für die chinesische Pflegekraft wäre es ein gravierender Status- und Gesichts-
verlust, nach der Probezeit nach China zurückkehren zu müssen. Ihr Ansehen bei
Ihrer Familie, Verwandten und im Bekanntenkreis wäre ernsthaft verletzt, und das
könnte auch für ihre berufliche Zukunft und Perspektive sehr schlimme Konsequenzen haben.

Handlungsmöglichkeiten

Das deutsche Krankenhaus müsste „Kulturvermittler" einsetzen, die in der
Muttersprache die Situation und die Konsequenzen des Verhaltens schildern können. Diese Gespräche sollten nicht in der Gruppe stattfinden, sondern nur als
4-Augen-Gespräche.

Ebenso muss die Chinesin einen Sprachkurs in ihrer Arbeitszeit besuchen.
Dieser Sprachkurs soll kein Standarddeutschkurs sein, sondern speziell auf die
Situation im Krankenhaus zugeschnitten. Das bedeutet, sie lernt für die tägliche
Interaktion mit den Kollegen Satzbausteine und OP-Begriffe.

Zusammenfassung

Wie Sie bereits in Kap. 1 gelesen haben, sagt der der Geburtsort noch nichts über die Migration der Eltern aus. Und die Zweitsprache ist noch kein Hinweis darauf, ob jemand seine Angehörigen zur psychosozialen Unterstützung benötigt oder auf Schweinefleisch verzichten möchte. Eine kulturelle Zuordnung erleichtert zwar den Arbeitsalltag und in den meisten Fällen trifft das Wissen über eine bestimmte Kultur auf individuelle Personen zu. Doch jeder Beschäftigte in der Gesundheitswirtschaft muss sich bewusst sein, dass sich Menschen je nach Situation und Lebenserfahrung unterschiedlich verhalten können und möchten.

Fragen

In einer Studie an der Charité wurden sowohl deutsche als auch türkische Patientinnen auf zwei gynäkologischen Stationen zu ihren Bedürfnissen und Erwartungen befragt. Für die deutschen Frauen waren die Verpflegung und psychosoziale Betreuung wichtig. Für die türkischen Frauen die migrantenspezifischen Bedürfnisse wie Trost und Unterstützung bei Schwierigkeiten, Dolmetscher, Berücksichtigung von Schamgefühl, Familienangehörige zur psychosozialen Unterstützung, Essgewohnheiten und die kulturellen Vorstellungen von Tod, Trauer und Schmerz. Für beide Personengruppen konnten die Erwartungen und Bedürfnisse selten erfüllt werden (David und Borde 2009).

1. Was könnte das Krankenhaus konkret tun, um die Bedürfnisse so gut wie möglich zu erfüllen?
2. Welches Bedürfnis hätten Sie als Patient/in im Krankenhaus?
3. Was wäre für eine chinesische Patientin auf der gynäkologischen Station wichtig?

Literatur

Becker, S. A., Wunderer, E., & Schultz-Gambard, J. (2001). *Muslimische Patienten. Ein Leitfaden zur interkulturellen Verständigung in Krankenhaus und Praxis*. München: Zuckschwerdt.
Bose, A. von, & Terpstra, J. (2012). *Muslimische Patienten pflegen*. Berlin: Springer.
Breuer, R. (1998). *Familienleben im Islam*. Freiburg: Herder spektrum.

David, M., & Borde, T. (2009). Interkulturelle Öffnung von Krankenhäusern – Lohnt sich das? In C. Falge & G. Zimmermann (Hrsg.), *Interkulturelle Öffnung des Gesundheitssystems. Schriftenreihe des Zentrums für europäische Rechtspolitik an der Universität Bremen (ZERP)* (Bd. 51). Baden-Baden: Nomos.

Elger, R. (Hrsg.). (2001). *Kleines Islam-Lexikon.* München: C.H.Beck Verlag

Falge, C., & Zimmermann, G. (Hrsg.). (2009). *Schriftenreihe des Zentrums für europäische Rechtspolitik an der Universität Bremen (ZERP): Bd. 51, Interkulturelle Öffnung des Gesundheitssystems.*. Baden-Baden: Nomos.

Galanti, G.-A. (2008). *Caring for patients from different cultures.* Philadelphia: University of Pennsylvania Press.

Jiménez Laux, R. M. (2009). Gesundheit in der Einwanderungsgesellschaft. In C. Falge & G. Zimmermann (Hrsg.), *Schriftenreihe des Zentrums für europäische Rechtspolitik an der Universität Bremen (ZERP): Bd. 51, Interkulturelle Öffnung des Gesundheitssystems.* . Baden-Baden: Nomos.

Köck, A., & Murtaza, M. S. (2009). *Muslime im Krankenhaus. Ein interreligiöser Ratgeber für das Krankenpflegepersonal.* Norderstedt: Books on demand.

Laabdallaoui, M., & Rüschoff, I. (2010). *Umgang mit muslimischen Patienten.* Bonn: Psychiatrie-Verlag.

Matar, Z. (2014). Geschäftskultur Arabische Golfstaaten. Meerbusch: Conbook.

Miehl, M. (2001). *99 Fragen zum Islam.* Gütersloh: Gütersloher Verlagshaus.

Raddawi, R. (Hrsg.). (2015a). Intercultural communication with Arabs. Studies in educational, professional and societal contexts. Berlin: Springer.

Raddawi, R. (2015b). Intercultural (Mis-) communication in medical settings: Cultural difference or cultural incompetence?. In R. Raddawi (Hrsg.) (2015) *Intercultural communication with Arabs. Studies in educational, professional and societal contexts* (S. 179–192). Berlin: Springer.

Rollins, L. K., & Hauck F. R. (2015). Delivering bad news in the context of culture: A Patient-centered approach. www.jcomjournal.com 22(1), 21–26.

Rothlauf, J. (2006). *Interkulturelles Management.* München: Oldenbourg.

Schreiner, K. (2017). *Kulturelle Vielfalt richtig managen.* Munderfing: Fischer & Gann.

Schröck, R., & Drerup, E. (Hrsg.). (1998). *Schmerz. Perspektiven der Pflegeforschung.* Freiburg: Lambertus.

Zimmermann, G. (2009). Interkulturelle Erfahrung von Pflegekräften. In C. Falge & G. Zimmermann (Hrsg.), *Schriftenreihe des Zentrums für europäische Rechtspolitik an der Universität Bremen (ZERP): Bd. 51, S. 75–84, Interkulturelle Öffnung des Gesundheitssystems.*. Baden-Baden: Nomos.

Wird schon klappen? – Voraussetzungen für eine gelungene interkulturelle Kommunikation

Eines Tages gab es eine große Flut. Von der Flut waren unter anderem ein Affe und ein Fisch betroffen. Der Affe, agil und erfahren, schätzte sich glücklich, dass er einen Baum erwischte, an dem er hochklettern und dem Wasser entkommen konnte. Von seinem sicheren Ort aus entdeckte er den Fisch, wie er gegen die schnelle Strömung kämpfte. Mit den besten Absichten reichte der Affe seinen Arm in das Wasser und zog den Fisch aus dem Wasser heraus. Das Ergebnis war unvermeidbar (Adams 1960).

Mit dieser Fabel wird deutlich, dass wir oft mit unseren eigenen Erfahrungen und unserer Lebenswelt die Situation Anderer beurteilen. Dabei gehen wir meist mit den besten Absichten vor. Doch sind wir uns der eigenen Lebenswelt erst einmal bewusst, so können wir viel leichter erkennen, warum andere Menschen in ähnlichen Situationen anders denken und handeln. Diese Fähigkeit ist die interkulturelle Kompetenz, die Sie im ersten Teil des Kapitels näher kennenlernen. Ohne interkulturelle Kompetenz ist interkulturelle Kommunikation nicht möglich. Wie jede Kompetenz kann die interkulturelle Kommunikation erlernt werden. Die interkulturelle Kompetenz der Beschäftigten bildet die Grundlage für die weiteren Aspekte, damit interkulturelle Kommunikation gelingen kann. Weiter werden Sie in diesem Kapitel Hinweise und Tipps für einzelne Situationen lesen. Welche Besonderheiten gibt es z. B. für die Führung interkultureller Teams zu beachten und welche Möglichkeiten gibt es bei interkulturellen Konflikten? Doch einzelne Ansätze reichen nicht immer aus, damit die Kommunikation gelingen kann. Erfolgreiche interkulturelle Kommunikation herrscht im organisationalen Kontext nur, wenn das gesamte Unternehmen sich dazu bekennt, sonst bleiben die Ansätze Insellösungen. Eine Möglichkeit ist die Diversity-Strategie, die nicht nur die kulturellen Unterschiede in der Belegschaft berücksichtigt, sondern auch andere Dimensionen, die ebenso eine vielseitige Belegschaft ausmachen. Der Vorteil einer Diversity-Strategie gegenüber einer interkulturellen Strategie ist der

© Springer Fachmedien Wiesbaden GmbH, ein Teil von Springer Nature 2018   123
C. Walter und Z. Matar, *Interkulturelle Kommunikation in der Gesundheitswirtschaft*, https://doi.org/10.1007/978-3-658-20241-5_6

Fokus auf die Vielseitigkeit. In der heutigen Zeit beschäftigt die Gesundheits-wirtschaft so unterschiedliche Menschen und hat ebenso vielseitige Patienten, Klienten und Kunden, dass sich die Unterschiede nicht mehr nur auf die Kultur beziehen können. Was sich hinter Diversity verbirgt und welche Möglichkeiten es zur Umsetzung einer Diversity-Strategie gibt, erfahren Sie in Abschn. 6.7.

6.1 Der Erwerb interkultureller Kompetenz

Bevor wir uns der interkulturellen Kompetenz zuwenden, schauen wir noch einmal auf die Kommunikation und klären, was Kommunikationskompetenz bedeutet.

Kompetente Kommunikation ist eine Interaktion, die als effektiv wahr-genommen wird, indem sich lohnende Ziele in einer Art erfüllt werden, die mit dem Kontext, in dem die Interaktion stattfindet, einhergeht (Lustig und Koester 2010). Das, was Sie in einer bestimmten Situation erzählen möchten, wird von Ihrem Gegenüber verstanden.

Für unsere Situationen im interkulturellen Umfeld bedeutet dies, dass eine kompetente Person eine interpersonale Interaktion sozial wahrnimmt. Sie ver-wendet in dieser Situation dann die zu diesem Kontext passenden Symbole (Lustig und Koester 2010). Symbole sind in diesem Zusammenhang Worte, Gesten, Mimiken. Dazu haben Sie in Kap. 2 schon viel gelesen.

An dieser Stelle möchten wir betonen, dass wir kein Rezept für eine gelungene interkulturelle Kommunikation ausstellen möchten. Die menschliche Kommunikation ist so komplex und beinhaltet so viele Möglichkeiten, dass letzt-endlich nur die eigene Wahrnehmung, Empathie und kulturelle Intelligenz eine gelungene interkulturelle Kommunikation ermöglichen. Insbesondere in der interkulturellen Kommunikation ist nicht nur Wissen über die Symbole der ande-ren Kultur gefragt, sondern auch die Wahrnehmung und die Beurteilung einer bestimmten Situation. Und dann gibt es immer noch unterschiedliche Wege, in einer kulturell unterschiedlich wahrgenommenen Situation zu kommunizieren und zu handeln. Daher bringt eine Anweisung à la „in Polen dürfen Sie nicht auf der Türschwelle grüßen" oder „in den arabischen Ländern dürfen Sie als Frau einem Mann nicht die Hand geben" wenig. Denn auch in den betreffenden Län-dern und Kulturen gibt es wieder unterschiedliche Umgangsformen.

Daher ist eine interkulturelle Kompetenz, die von Kulturen unabhängig ist, viel sinnvoller. Wie auch beim Kulturbegriff in Kap. 2. gibt es unterschiedliche Definitionen:

Nach dem Psychologen Alexander Thomas ist die interkulturelle Kompetenz die Fähigkeit, kulturelle Bedingungen und das Wahrnehmen, Urteilen, Empfinden und Handeln bei sich selbst und anderen zu erkennen, zu respektieren und entsprechend zu handeln. Inkompatibilität wird dabei toleriert und die Zusammenarbeit ermöglicht (Thomas 1999). Inkompatibilität bedeutet in diesem Zusammenhang, dass die Werte der einen Person nicht mit den Werten der anderen Personen übereinstimmen.

Die von Thomas beschriebenen Fähigkeiten werden von den Kulturwissenschaftlerinnen Astrid Erll und Marion Gymnich weiter in die kognitive, affektive und pragmatisch-kommunikative Kompetenz aufgeteilt: Zur kognitiven Kompetenz gehört das Wissen über andere Kulturen und die Selbstreflexivität in Bezug auf die eigene Kultur. Die affektive Teilkompetenz umfasst das Interesse an anderen Kulturen, die Empathie des Fremdverstehens und die Ambiguitätstoleranz. Die dritte Kompetenz ist die pragmatisch-kommunikative Kompetenz, die durch den Einsatz von geeigneten kommunikativen Mustern und wirkungsvollen Konfliktlösungsstrategien deutlich wird (Erll und Gymnich 2015).

Die pragmatisch-kommunikative Kompetenz kann mit der Handlungskompetenz nach Thomas verglichen werden. Nach seiner Definition sind die oben genannten Teilkompetenzen Voraussetzung für die Fähigkeit, eine interkulturelle Handlungsstrategie umzusetzen, um die Ziele aller zu erreichen und eine hohe Zufriedenheit in der interkulturellen Begegnung zu erlangen (Thomas 2016). Da die meisten Beschäftigten in der Gesundheitswirtschaft am und mit dem Menschen tätig sind, ist diese letzte Stufe der interkulturellen Kompetenz, die Handlungskompetenz bzw. die pragmatisch-kommunikative Kompetenz, unverzichtbar.

Die Erziehungswissenschaftlerin Darla Deardorff verglich die Definitionen unterschiedlicher Disziplinen und stellte dabei drei gemeinsame Elemente fest: 1) Bewusstsein und Wertschätzung von Verständnis kultureller Unterschiede; 2) die Erfahrung mit anderen Kulturen; 3) das Bewusstsein der eigenen Kultur. Dabei kam sie zum Schluss, dass die Sensibilisierung für die Kultur, sei es die eigene oder eine andere, der Ausgangspunkt jeglichen interkulturellen Verstehens ist (Deardorff 2009).

Die Kommunikationswissenschaftlerinnen Margaret Olebe und Jolene Koester haben in ihrer jahrelangen Forschung und auf der Basis der Theorie von Ruben und der Theorie von Triandis acht Dimensionen für die interkulturelle Kompetenz entwickelt. Diese sind in dem „Behavioral Assessment Scale for Intercultural Communication (BASIC)" enthalten. Diese Fähigkeiten können in jeder Kultur angewandt werden und werden daher auch als Basis-Kompetenzen bezeichnet (Lustig und Koester 2010).

Anhand dieser Dimensionen wird deutlich, ob eine Person interkulturelle Kompetenz zeigen kann (Koester und Olebe 1988):

1. **Respekt zeigen:** Die Fähigkeit, Respekt für und Rücksicht auf andere Personen zu entwickeln.
2. **Verbale Kommunikation:** Die geeignete Wortwahl, um sich selbst und die Welt um einen herum zu erklären.
3. **Empathie:** Die Fähigkeit, die Sichtweise einer anderen Person zu erkennen und zu verstehen.
4. **Interaktionsmanagement:** Die Fähigkeit, Konversationen führen zu können.
5. **Rollenverhalten im Team:** Was der Einzelne einbringt, um das Problem interkultureller Kommunikation in der Gruppe zu lösen.
6. **Rollenverhalten in der Beziehung zu anderen Menschen:** Wie sich eine Person verhält, um die zwischenmenschliche Harmonie zu fördern, und ob sie bei möglichen Konflikten eine Vermittlerrolle einnimmt.
7. **Ambiguitätstoleranz:** Die Fähigkeit, oft auf neue und nicht eindeutige Situation so zu reagieren, dass wenig Unbehagen sichtbar wird.
8. **Nonverbale Kommunikation:** Die Fähigkeit, durch eine entsprechende Körperhaltung auf andere in einer nicht beurteilenden Art zu reagieren.

In Trainings zur interkulturellen Kommunikation in der Gesundheitswirtschaft sehen wir ebenfalls diese acht Fähigkeiten, sie sind jedoch in Bezug auf die anderen Rahmenbedingungen anders zu gewichten. Die Gesundheitswirtschaft unterscheidet sich von anderen Märkten dadurch, dass die Leistungsempfänger in einer Abhängigkeit zu den Leistungserbringern stehen. Daher steht an erster Stelle die **Empathie.** Das Personal sollte sich auf die Sichtweisen der Leistungsempfänger einstellen. Egal, welcher Kultur sie angehören.

Gerade im Krankenhaus trifft das Personal oft auf neue und nicht eindeutige Situationen. Dies auszuhalten und sich trotzdem souverän zu verhalten, weist auf eine hohe **Ambiguitätstoleranz** hin.

Egal in welcher Einrichtung der Gesundheitswirtschaft Sie arbeiten: **Respekt** bedeutet, ein zunächst fremdes Verhalten zu respektieren. Dabei ist es auch wichtig, sich selbst zu respektieren. Fragen Sie sich: Wo ist meine Grenze?

Empathie, Ambiguitätstoleranz und Respekt werden in der nonverbalen Kommunikation deutlich. Eine ablehnende Haltung z. B. in der Körperhaltung und in der Mimik deutlich: Stirnrunzeln, Augenbrauen hochziehen und verschränkte Arme zeigen eher Ablehnung und Nichtverstehen. **Nonverbale Kommunikation** als Teil der interkulturellen Kompetenz wird dann erfolgreich eingesetzt, wenn Sie eine offene Körperhaltung und einen interessierten Gesichtsausdruck vermitteln.

Ein Großteil Ihrer Tätigkeit beruht auf **verbaler Kommunikation.** Indem Sie die richtigen Worte wählen, können Sie niemanden verletzen oder z. B. das Gefühl der Scham auslösen. Eine Folge der verbalen Kommunikation ist die **Interaktion** mit anderen Menschen. Dabei geht es nicht nur darum, Informationen auszutauschen, sondern auch um das Miteinander-Sprechen. Gerade in Situationen, die von Krankheit gekennzeichnet sind, geht es nicht nur um den Informationsaustausch, sondern um die Interaktion. Patienten benötigen eine Ansprache bei Sorgen und Ängsten. Auch hier werden Respekt, Ambiguitätstoleranz und Empathie transportiert. Eine Steigerung des Interaktionsmanagements ist das **Rollenverhalten** in angespannten Situationen, die in verschiedenen Einrichtungen der Gesundheitswirtschaft häufig vorkommen. Denken Sie hier an Situationen, in denen Sie eine Vermittlerrolle einnehmen müssen oder einen Konflikt deeskalieren. Doch nicht nur die Arbeit mit Patienten und Kunden erfordert interkulturelle Kompetenz. **Interkulturelle Teams** gehören zur Realität und sind selten konfliktfrei. Welche Rolle Sie hier einnehmen, hängt auch wieder von der Situation ab.

Alle vier Kompetenzmodelle haben die Gemeinsamkeit, dass die interkulturelle Kompetenz in drei Stufen entwickelt wird: Haltung, Sensibilisierung für die eigenen und die anderen Werte, und Handlungskompetenz.

Interkulturelle Kompetenz wird in vielen Unternehmen mittlerweile als Schlüsselkompetenz gesehen, sodass es auch viele Trainingsanbieter für Mitarbeiter und Führungskräfte gibt. In Inhouse-Seminaren bis hin zu Studiengängen wird interkulturelle Kompetenz vermittelt. Der Inhalt hat sich in den letzten Jahren geändert. So sind standardisierte Fort- und Weiterbildungen, in denen Dos and Don'ts, Kulturdimensionen sowie Länderprofile vermittelt werden, seltener geworden. Moderne und nachhaltige Bildungsangebote mit einem großen Transferwert betrachten einzelne Situationen im speziellen Kontext. Daher geht der Kompetenzerwerb weg von klassischen Trainings hin zu zielgruppenspezifischen Coachings (Bolten 2010).

Diese Herangehensweise entspricht auch der der Autorinnen. In ihren interkulturellen Seminaren und Coachings bestimmt eine ausführliche Bedarfsanalyse den Inhalt der Maßnahme.

Beispiel

In einem Seminar, das Pflegekräfte auf fünf neue Kolleginnen aus China vorbereiten sollte, hatten die Pflegekräfte erst einmal die Gelegenheit, ihre eigenen Werte und ihre Berührungspunkte mit China zu beschreiben. So wurden viele Vorbehalte deutlich: „Die Chinesen kopieren immer alles." „Chinaware ist nicht so viel wert die deutsche Ware." „Die Chinesen haben ja ein ganz anderes Pflegesystem als wir." Bei diesem ersten Treffen wurde deutlich, dass die Pflegekräfte sehr viele Stereotypen und Klischees über China und Chinesen hatten, ohne einen Chinesen persönlich zu kennen.

Es ist den Trainerinnen schnell klar geworden, dass die Befürchtungen der Pflegekräfte anerkannt und angesprochen werden müssen. Zunächst mussten die chinesischen Kolleginnen mit der deutschen Sprache Fortschritte machen, dann konnte ein gemeinsames interkulturelles Training weitergehen. Es begann die Suche nach gemeinsamen Werten, um zu einer Dekonstruktion von Stereotypen auf beiden Seiten zu gelangen.

So sind alle Seminare und Coachings maßgeschneidert und je nach Ausgangslage, Situation und Vorkenntnissen der Teilnehmer werden die Maßnahmen entsprechend angepasst.

Viele Unternehmen gehen sogar mittlerweile dazu über, nicht mehr interkulturelle Kompetenz, sondern die Diversity-Kompetenz bei Beschäftigten zu entwickeln: Hier lohnt sich ein Blick auf die Charta der Vielfalt. Das ist eine Unternehmensinitiative, die Vielfalt in Unternehmen mit zahlreichen Publikationen und Veranstaltungen unterstützt. Die Charta der Vielfalt hat beispielsweise auch das Vier-Ebenen-Modell (Abb. 6.1) von Diversity nach Lee Gardenswartz und Anita Rowe (Gardenswartz et al. 2010) übersetzt.

Daran wird deutlich, dass ein Mensch nicht nur nach der Kultur beurteilt werden kann, sondern dass ein Mensch immer noch eine Persönlichkeit mitbringt, die von der inneren Dimension stark geprägt ist. Diese innere Dimension beinhaltet Aspekte wie Alter und Geschlecht, die nicht veränderbar sind. Auch die ethnische Herkunft und die Nationalität sind nach diesem Modell kaum veränderbar. Wenn Diskussionen zur Integration geführt werden, kann an diesem Modell deutlich werden, dass Herkunft und Weltanschauung eben doch eher statisch als dynamisch sind. Die Bereiche der äußeren Dimension stellen die private Situation der Person dar, viele Bereiche sind hier veränderlich. Beispielsweise können ein bestimmtes Auftreten und eine Ausbildung die Herkunft einer Person verschleiern. Doch die Herkunft bleibt. In der organisationalen Dimension werden die Unterschiede in den Einrichtungen der Gesundheitswirtschaft deutlich, beispielsweise durch den Arbeitsort. Eine Altenpflegefachkraft hat zum Beispiel im Krankenhaus einen geringeren Status als in einem Pflegeheim.

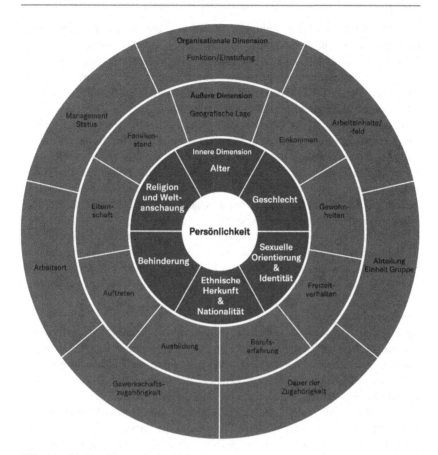

Abb. 6.1 Die vier Ebenen der Vielfalt. (Quelle: frei nach Gardenswartz et al. 2010, S. 77, Übersetzung und Grafik: Charta der Vielfalt, o. J.)

6.2 Erfolgreiche interkulturelle Trainings

Der Klassiker zur Vermittlung interkultureller Kompetenz ist das interkulturelle Training. Als wir jedoch in Einrichtungen der Gesundheitswirtschaft in Deutschland Interviews durchführten und nach den Strategien fragten, wurde deutlich, dass nur selten interkulturelle Trainings stattfinden. Viele Befragte wussten auch nicht, welche Maßnahmen angeboten werden. Auch wenn es mittlerweile viele

Sprachfirmen und viele interkulturelle Trainer gibt, die ihre Dienste diesen Einrichtungen anbieten, verfahren die Trainings nach einem Standard, sodass sie auch in Banken angeboten werden könnten. Eine andere Erfahrung zeigt, dass interkulturelle Trainings als solche bezeichnet werden, die Informationen zum Islam vermitteln. Dies sind jedoch keine interkulturellen Trainings, sondern Informationsveranstaltungen zum Thema „Islam".

Für Beschäftigte in der Gesundheitswirtschaft ist es viel sinnvoller, Trainings entsprechend den Bedarfen und zur Vermittlung interkultureller Kompetenz anzubieten und nicht nur eine allgemeine Wissensvermehrung. Methoden mit einem hohen Maß an Selbstreflexion und Partizipation lassen die Teilnehmer eine Handlungskompetenz entwickeln, damit sie in unterschiedlichen Situationen souverän agieren können. Der Erfolg dieser Trainings hängt von der Offenheit und Gesundheitswirtschaftskompetenz der Trainer ab.

Die Autorinnen haben zwei Checklisten mit Inhalten entwickelt, die als Richtlinie sowohl für die internationale Belegschaft, also die Beschäftigten aus dem Ausland, als auch für die Belegschaft in Deutschland gelten. Für einen reibungslosen Ablauf ist es auch für die erste Gruppe wichtig, richtig vorbereitet zu werden.

Internationale Belegschaft
An erster Stelle (Abb. 6.2) – und das wurde in den Interviews im Rahmen dieses Fachbuches noch einmal deutlich – steht die Sprache. Hier gilt es nicht nur, im Alltag fließend sprechen zu können, sondern auch die Fachsprache zu beherrschen. Die Interaktion innerhalb und zwischen den Berufsgruppen ist wichtig, um die bestmögliche Behandlung für den Patienten sicherzustellen.

Viele Arbeitsmigranten sind auch immer wieder enttäuscht, dass sie in Deutschland nicht das finden, was ihnen durch die Arbeitsvermittler oder die Medien vermittelt wurde. Wenn sie jedoch ehrlich über Leben und Arbeiten in Deutschland informiert werden, z. B. wie hoch die Lebenshaltungskosten in einer Stadt sind oder ob sich Kollegen noch nach der Arbeit treffen, können sie sich im Vorfeld ein besseres Bild machen. Auch Arbeitszeitregelungen und die Aufgaben der Mitarbeitervertretung können für manche ausländischen Fachkräfte von Interesse sein. Unter die „Arbeitsplatzspezifischen Besonderheiten" fallen die kulturellen Dimensionen, die oft für Konflikte am Arbeitsplatz sorgen. Dazu gehören z. B. die Rolle von Mann und Frau, die Rolle der Angehörigen, etc. Beispielsweise sorgt ein unterschiedliches Verständnis davon, wer nun den Patienten wäscht und ihm Essen reicht, für ein wiederkehrendes Konfliktpotenzial. Wie dann mit dem Konflikt umgegangen wird, z. B. ob er „weggelächelt", dominant durch die Führungskraft entschieden oder direkt von den Beteiligten angesprochen wird, hängt stark von der jeweiligen Kultur ab.

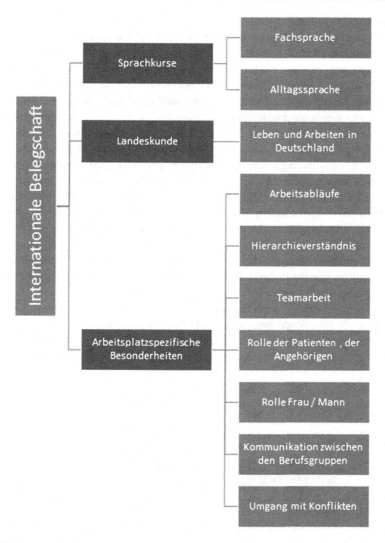

Abb. 6.2 Interkulturelle Trainings für die ausländischen Fachkräfte. (Quelle: eigene Darstellung)

Beschäftigte in Deutschland

Bei Trainings für die Beschäftigten, die in der Gesundheitswirtschaft in Deutschland arbeiten (Abb. 6.3), sind die Inhalte des Trainings anders gewichtet. Hier ist es wichtig, sich erst einmal über die eigenen Werte bewusst zu werden. Dann erst können die Informationen über die neuen Kollegen aus dem Ausland erfolgen. Wie bereits erwähnt, führen die unterschiedlichen Ausbildungs- und Studieninhalte zu einem unterschiedlichen Verständnis von ärztlichen und pflegerischen Aufgaben. Beispielsweise ist das Legen einer Venenverweilkanüle in manchen Ländern pflegerische Aufgabe. In Deutschland ist das Pflegekräften untersagt.

Auch das jeweilige Gesundheitssystem und das Gesundheitsverständnis erklären manches Verhalten der internationalen Belegschaft. Werden in Deutschland Patienten beispielsweise nach den meisten OPs schnell wieder mobilisiert, so ist es in einigen Ländern üblich, dass sich die Patienten noch lange ausruhen und sich versorgen lassen dürfen. Die kulturellen Merkmale werden besonders im Hierarchieverständnis und dem Rollenverständnis von Mann und Frau deutlich. Die Religionsausübung wird z. B. im Ramadan zum Thema. Während des Ramadans sollten manche Kollegen besser Urlaub nehmen, als dem stressigen Berufsalltag ausgesetzt zu werden.

In beiden Trainings kann die Arbeit an echten Fällen erfolgen. Wie in Kap. 5 können die Situationen unter den interkulturellen Aspekten analysiert und dann Handlungsmöglichkeiten eruiert werden. Durch Rollenspiele können dann die in Abschn. 6.1 dargestellten Kompetenzen eingeübt werden. Beispielsweise sind

Abb. 6.3 Interkulturelle Trainings für Beschäftigte der Gesundheitswirtschaft in Deutschland. (Quelle: eigene Darstellung)

Interaktion, Empathie und Sensibilität in Rollenspielen deutlich erkennbar und können durch die anderen Teilnehmer rückgemeldet werden.

6.3 Ohne interkulturelle Führung geht es nicht

Die Entwicklung der Kompetenz einzelner Beschäftigter in der Gesundheitswirtschaft reicht für eine erfolgreiche interkulturelle Kommunikation jedoch nicht aus. Solange die Führungskraft sich nicht mit unterschiedlichen Kulturen auseinandersetzt und ihre Führung entsprechend anpasst, wird die Kommunikation nicht zielführend verlaufen.

Führungskräfte kommen in unterschiedlichen Szenarien mit den verschiedenen Kulturen in Berührung: im Ausland als von einem internationalen Unternehmen entsandte Führungskraft oder im Inland als Führungskraft eines interkulturellen Teams. Das erste Szenario ist in der Gesundheitswirtschaft nur in den Rand- und Nebenbereichen wie z. B. in der pharmazeutischen Industrie oder Biotechnologie möglich. Die meisten Führungskräfte in der Gesundheitswirtschaft müssen sich mit dem zweiten Szenario auseinandersetzen. Eine interkulturell besetzte Belegschaft ist in der Gesundheitswirtschaft heute alltäglich, wie in Kap. 1 deutlich wurde.

Doch zunächst klären wir, was Führen eigentlich ist: „Führen ist zielbezogene Einflussnahme" (Rosenstiel 2014). Das bedeutet, dass eine Führungskraft den Mitarbeiter dazu bringen soll, Ziele zu erreichen, die aus den Unternehmenszielen abgeleitet sind. Über alle Kulturen hinweg ist das Setzen von Zielen als Führungsinstrument verbreitet. Was ein Ziel ist und bis zu welchem Grad es verfolgt werden soll, wer daran beteiligt ist und bis wann das Ziel erreicht werden soll, ist von Kultur zu Kultur unterschiedlich (Kühlmann 2005).

Interkulturelle wie diverse Teams werden mit Vorteilen und Chancen in Verbindung gebracht: Perspektivenvielfalt, unterschiedliche Expertise, Kreativität und Innovation können durch verschiedene Weltanschauungen, Erfahrungen und Know-how besonders ermöglicht werden. Auch können diverse Teams besser auf die Bedürfnisse der ebenfalls unterschiedlichen Kunden eingehen (Müller und Sander 2011). Gerade in der Gesundheitswirtschaft, in denen die Kunden bzw. die Patienten besondere Bedürfnisse haben und eine emotionale Ansprache wichtig ist, ist eine vielfältige Belegschaft, in der mindestens ein Beschäftigter das Bedürfnis erkennt, sinnvoll. Doch ein Einsatz von diversen Teams ist nicht von alleine erfolgreich: Die Realität ist von Spannungen, Misstrauen und Ablehnung von Kollegen eines bestimmten Kulturkreises geprägt.

Dies kommt vor allem dann zustande, wenn Stereotypen den Berufsalltag prägen (Müller und Sander 2011). Wenn beispielsweise eine Kollegin ein Kopftuch trägt, wird sie oft als „unterdrückt" angesehen, und wenn eine andere Kollegin ein großes Kreuz als Schmuckstück trägt, bedeutet das nicht unbedingt, dass sie christlich ist. Auch sind nicht alle Aufgaben für diverse Teams geeignet: Bei Routineaufgaben beispielsweise kann eine unterschiedliche Herangehensweise zu Unruhe und Unterbrechungen im Arbeitsablauf führen (Müller und Sander 2011). Auch hier müssen wir die Realität beachten: Insbesondere in der Gesundheitswirtschaft mit einem hohen Maß an Fachkräftemangel muss der Betrieb von Fachkräften mit unterschiedlichen Ansichten, Herkunftsländern, Ausbildungsinhalten und Qualifikationen aufrechterhalten werden. Die Führung von diversen Teams ist notwendig und bringt noch einmal ganz andere Herausforderungen mit sich. Und darin liegt auch die Chance, wenn diverse Teams entsprechend geführt werden.

Eine weitere Differenzierung besteht im Führungsstil. Der autoritäre Führungsstil ist dadurch gekennzeichnet, dass zwischen den Hierarchieebenen kaum Informationen fließen und die Führungskraft als Autoritätsperson nicht angezweifelt wird. Partizipierende Führungskräfte beziehen die Mitarbeiter in die Entscheidungen mit ein und respektieren andere Meinungen. Die individualistische Leistungsmotivation prägt den partizipativen Führungsstil. Der autoritäre Führungsstil wird z. B. Ländern wie Indien und Pakistan zugeordnet, der partizipative Führungsstil ist eher in den USA, Deutschland und Skandinavien zu finden (Keller 1995).

Hier ist wichtig zu beachten, dass die Untersuchungen von Keller aus den frühen 80er-Jahren stammen. Es liegt der Verdacht nahe, dass die Globalisierung auch Einfluss auf die Führungskräfteentwicklung genommen hat und ein Aufweichen der klaren Zuordnung von einem bestimmten Führungsstil zu einem bestimmten Land hinfällig ist. Doch Führen wird auch von Werten bestimmt, die in den unterschiedlichen Kulturen tradiert werden. Diese Annahme bestätigten verschiedene Untersuchungen zum Führungsverhalten in unterschiedlichen Ländern (Müller und Sander 2011).

Wenn wir noch einmal die Kulturstandards von Hofstede aus Kap. 2 betrachten, so können wir ein bestimmtes Verhalten von Führungskräften interpretieren: Hat eine Führungskraft eine hohe Ausprägung von Machtdistanz, so nimmt sie per Anordnung Einfluss auf die Mitarbeiter und zentralisiert die Entscheidungsfindung. Ist die Führungskraft von Kollektivismus geprägt, so fördert sie die Leistung der Gruppe und erkennt sie an. Sie fühlt sich auch verpflichtet, sich um das Wohlergehen einer Gruppe zu kümmern.

Wenn die Führungskraft Unsicherheit vermeidet, dann orientiert sie sich an vielen Vorschriften und gibt klare Arbeitsanweisungen. Eine maskulin geprägte Führungskraft fördert Leistungsdenken und Wettbewerb. Auch werden dann Konflikte eher ausgetragen, als dass die Harmonie den Alltag bestimmt (Müller und Sander 2011).

Wenn nun eine Führungskraft und ein Mitarbeiter aus unterschiedlichen Kulturen aufeinandertreffen sorgt dies erst einmal für Irritation. Stellen Sie sich vor, ein neuer Mitarbeiter kommt aus einer Kultur, die einen autoritären Führungsstil gewohnt ist. Er trifft auf eine Führungskraft, die die Entscheidung über Ort und Zeit der Arbeitserledigung den Mitarbeitern überlässt. Der neue Mitarbeiter ist zunächst orientierungslos und zweifelt an der Führungskompetenz seines Vorgesetzten. Untersuchungen zeigen, dass Mitarbeiter aus Ländern mit einem eher autoritären Führungsstil diesen auch im neuen Land bevorzugen (Müller und Sander 2011).

Wie Sie in Abb. 6.4 sehen, gibt es fünf Strategien zur Führung interkultureller Teams. Diese hängen davon ab, ob die Kultur des Mitarbeiters oder die Kultur der Führungskraft berücksichtigt wird.

1. **Dominanz:** Die eigene Vorstellung gilt. Meistens überwiegt die Kultur der Führungskraft und die der Teammitglieder, die am stärksten kommunizieren und bereits länger im Team sind. Die anderen Teammitglieder müssen sich anpassen (Thomas 1999). Perspektivenvielfalt und Innovation haben dann keine Chance mehr (Müller und Sander 2011).
2. **Assimilation:** Die fremde Kultur des Geführten wird bereitwillig angenommen. Je nach Kultur führt die Führungskraft unterschiedlich (Kühlmann 2005).

Abb. 6.4 Führungsstrategien bei interkulturellen Teams. (Quelle: Eigene Darstellung nach Kühlmann 2005, S. 182; Thomas 1999, S. 527 ff.; Müller und Sander 2011, S. 59 f.)

3. **Kompromiss:** Die Führungskraft sieht die Werte und Normen aller Kulturen im Team als gleichberechtigt an. Unterschiedliche Einstellungen und Verhaltensmuster werden akzeptiert und die Führungskraft und das Team tendiert mal zu der einen, mal zu der anderen Kultur. Eine Folge des Kompromisses ist die Verunsicherung und damit eine Reduzierung der Motivation und des Gruppenzugehörigkeitsgefühls (Thomas 1999). Auch eine klare Führungsstrategie ist dann nicht mehr möglich.

4. **Synergie:** Die für das Team und die Arbeit wichtigsten Elemente der Kulturen werden zusammengeführt. Dadurch entsteht eine neue Kultur, die alle Teammitglieder akzeptieren und leben (Thomas 1999). Diese Kultur lässt sich dann auch mit den Zielen und der Kultur der Einrichtung vereinbaren. Konflikte werden beim Synergiekonzept konstruktiv gelöst (Müller und Sander 2011).

5. **Ignoranz:** Wie der Name schon sagt, nimmt die Führungskraft die unterschiedlichen Kulturen nicht wahr oder ignoriert sie sogar. Da dann jeder nach seinen Werten arbeitet, ist ein Konflikt ist sehr wahrscheinlich (Müller und Sander 2011).

Um die Synergiestrategie umzusetzen, bedarf es von der Führungskraft und den Beschäftigten interkultureller Sensibilität und Kompetenz (Thomas 1999). Erst dann sind interkulturelle Teams erfolgreich.

Doch wie Kühlmann treffend schreibt, hat jede Strategie ihre Berechtigung. So ist z. B. die **Assimilationsstrategie** dann sinnvoll, wenn die Mitarbeiter einen hohen Handlungsspielraum haben und fachlich qualifiziert sind. Die Führungskraft befindet sich eher in einer untergeordneten Rolle oder ihr Führungsverständnis unterscheidet sich von dem ihrer Mitarbeiter (Kühlmann 2005).

Verfolgt die Führungskraft die **Kompromissstrategie,** so hat sie eine vergleichbare Machtposition inne wie ihre Mitarbeiter. Auch das Führungsverständnis hat einige Schnittpunkte mit dem ihrer Mitarbeiter. Das wird auch daran deutlich, dass Zeit zum Aushandeln von Kompromissen vorhanden ist. Im Gegensatz zur Assimilationsstrategie sind die Aufgaben der Mitarbeiter stark strukturiert und ihre Fachlichkeit ist weniger hoch qualifiziert (Kühlmann 2005).

Die Führungskraft kann die **Dominanzstrategie** nur dann anwenden, wenn sie in einer hohen Machtposition ist und der Zeitdruck rasches Handeln erfordert. Eine weitere Voraussetzung ist die niedrigere Qualifikation der Mitarbeiter und die hohe Strukturiertheit ihrer Aufgaben. Jedoch müssen die Mitarbeiter diese Dominanz akzeptieren (Kühlmann 2005). Die Integrations- bzw. **Synergiestrategie** ist dann erfolgreich, wenn die Mitarbeiter und die Führungskraft eine gute Beziehung pflegen und eine ähnliche Machtposition besitzen. Eine weitere Voraussetzung ist genügend Zeit, um die unterschiedliche Führungsvorstellung auszuhandeln (Kühlmann 2005).

So hängt eine Führungsstrategie nicht nur von dem eigenen Verständnis von Kultur ab, sondern auch von dem Qualifikationsgrad der Mitarbeiter, dem Grad der Aufgabenstruktur, dem Führungsverständnis aller und dem Zeitdruck. Bugari bringt es auf den Punkt: Erfolgreiche interkulturelle Führungskräfte müssen zwei Voraussetzungen mitbringen. „Führungskräfte müssen eine sichere Antwort auf die Frage haben, warum interkulturelle Kompetenz in ihrer Firma nötig ist. Und sie müssen – wie immer in der guten Führung – mit gutem Beispiel vorangehen können" (Bugari 2009).

6.4 Interkulturelle Teamentwicklung

Interkulturelle Teams gehören vor allem in Krankenhäusern und Pflegeheimen zur Normalität. Wenn die Pflegekraft aus Rumänien auf die Pflegekraft aus Spanien trifft, dann stehen die Teams nicht selten vor einer Herausforderung. Hier hilft eine interkulturelle Teamentwicklung. Insbesondere, wenn im Team Unstimmigkeiten deutlich werden und die verschiedenen Kulturen als Ursache genannt werden und wenn viele internationale Fachkräfte auf einmal in ein bestehendes Team kommen, kann eine interkulturelle Teamentwicklung die Potenziale der Kulturen nutzen und ein Team leistungsfähig machen. Cornelia Walter hat in ihrem 2014 veröffentlichten Artikel eine interkulturelle Teamentwicklung ausführlich beschrieben. Im Folgenden werden Maßnahmen der einzelnen Teamentwicklungsphasen der aktuellen Situation in der Gesundheitwirtschaft angepasst und kurz erläutert (Walter 2014).

Das Modell nach Tuckmann ist ein viel zitiertes und erprobtes Modell zur Teamentwicklung, das auch im interkulturellen Setting eingesetzt werden kann. Ein Team durchläuft vier bis fünf Phasen (Abb. 6.5):

1. Forming: Das Team setzt sich zusammen.
2. Storming: Die ersten Konflikte entstehen, die Rollen werden verteilt.
3. Norming: Nun sind die Werte und Normen klar definiert und jeder kennt die Spielregeln.
4. Performing: Das Team ist leistungsfähig und kann die Aufgabe bewältigen.
5. Adjourning: Das Team löst sich auf oder ein Teammitglied geht.

1. Forming

Wenn in ein bestehendes Team neue Mitarbeiter aus einem anderen Kulturkreis kommen, werden Rollen im Team oft wieder neu verteilt. Dann werden Gemeinsamkeiten und Gegensätze gesucht, die mit Vorurteilen behaftet sind. Daher beginnt die Teamentwicklung bereits vor dem Eintreffen der neuen

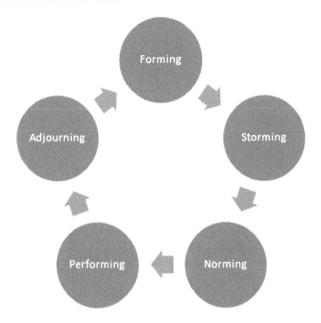

Abb. 6.5 Interkulturelle Teamentwicklung. (Quelle: eigene Darstellung nach Tuckman und Jensen 2010, S. 47)

Kollegen. Die Führungskraft muss hier ausführlich informieren und Bedenken des bestehenden Teams ernstnehmen.

> Um eine Willkommenskultur zu etablieren, kann sich erst einmal jedes Teammitglied selbst Gedanken machen, wie es gerne begrüßt werden würde. Daraus können dann Willkommensregeln aufgestellt werden. Und so wird auch eine Willkommenskultur gefördert.

Ebenso wichtig ist es, die neuen Kollegen besser kennenzulernen. Beispielsweise können die neuen Kollegen eine kurze Präsentation über ihre Kultur halten und dabei folgende Fragen berücksichtigen:

- Was ist an ihrer Kultur typisch (Gerichte, Brauchtum, etc.)?
- Welche Vorurteile gibt es über ihre Kultur und treffen diese zu?
- Mit welchen Herausforderungen kämpfen sie häufig?

So kommt das Team ins Gespräch, die Kultur der neuen Kollegen wird wertgeschätzt und Vorurteile können aus dem Weg geräumt werden.

2. Storming

Jetzt stellen die Mitglieder fest, dass eine Teamentwicklung nie reibungslos verläuft. Alle Mitglieder denken, dass sie sich nun kennen und vertreten ihre Standpunkte. Je nach Persönlichkeit und Kultur verhalten sich die Teammitglieder unterschiedlich. Manche verteidigen ihre Rolle, manche ziehen sich zurück. Bei Unstimmigkeiten werden schnell Schuldige gesucht und unpassendes Verhalten mit der Kultur erklärt.

Zu Beginn dieser Phase passt ein interkulturelles Spiel, das von den Autorinnen speziell für ausländische Gesundheitsexperten entwickelt worden ist. Es motiviert interkulturelle Teams, etwas über Werte, Verhaltensweisen und Überzeugungen von Patienten und Personal in Deutschland zu lernen und ermutigt sie, individuelle Reaktions- und Verhaltensmuster und deren Ursprünge zu reflektieren. Darüber hinaus können sich die Pflegekräfte eine breite Wissensbasis über das deutsche Gesundheitssystem aneignen, die ihnen hilft, mit verschiedenen – nicht immer einfachen – Situationen umzugehen. Für hiesige Pflegekräfte bietet es eine Grundlage, das deutsche Gesundheitswesen besser zu erklären (Walter und Matar 2014).

Eine weitere Methode ist ein Impulsvortrag über die Werte in unterschiedlichen Kulturen. Ein Exkurs in die Kulturdimensionen deckt die Spannungsfelder auf und hilft, die Verhaltensweisen im Team zu verstehen.

Bei einem eskalierten Konflikt bzw. wenn ein Team den Konflikt nicht mehr alleine lösen kann, kann ein externer Mediator helfen. Mit seiner Hilfe können die Teammitglieder ihre jeweiligen Positionen und Interessen äußern, die Perspektive der anderen einnehmen und dann eine gemeinsame Lösung finden.

3. Norming

Die Teammitglieder sind nun aus ihrer Kampfphase heraus und können Vertrauen zueinander aufbauen. Nur wenn sie sicher sind, dass ihre Offenheit keine Nachteile mit sich bringt, können sie auch ihre Ängste und Sorgen, insbesondere bei kulturellen Unterschieden, zeigen. Jetzt können die Teammitglieder gemeinsam Werte und Regeln aufstellen. Die folgende Maßnahme kann diese Teamphase unterstützen:

Jedes Teammitglied schreibt seine Vorstellungen von einem gut funktionierenden Team auf Moderationskarten. An einer Pinnwand wird nach Gemeinsamkeiten bzw. Überschneidungen geclustert. Nun werden die wichtigsten 10 Punkte ausgewählt, damit ein interkulturelles Team gut arbeiten kann. Das Auswahlverfahren funktioniert am besten, wenn jedes Teammitglied 3 Punkte verteilen darf. Auf einer Karte könnte z. B. stehen, dass bei Unklarheiten sofort nachgefragt wird.

Eine weitere Methode ist die Werteklärung. Jedes Teammitglied schreibt aus einer Werteliste die drei Werte auf, die es für besonders wichtig hält. Diese werden ebenso an einer Pinnwand befestigt und in Gruppen sortiert. Wertschätzung und Anerkennung sind z. B. ähnliche Werte und können gruppiert werden. Das Team diskutiert die Werte, tauscht die einzelnen Vorstellungen von den genannten Werten aus und einigt sich dann auf drei bis fünf „Teamwerte".

4. Performing

Jetzt erst ist das Team leistungsfähig. Die Teammitglieder kennen sich nun besser, haben Vertrauen zueinander und wissen, wie sie in Konflikten miteinander umgehen. So können sich alle besser auf die Arbeit konzentrieren.

Wenn alle Teammitglieder alle vier Teamphasen bewusst durchlaufen haben, haben sie viel über sich und ihre Kollegen und ihre Kulturen gelernt. Jetzt ist das Team auch für weitere ausländische Kollegen gut vorbereitet.

Um den Entwicklungserfolg zu verfestigen, kann sich das Team folgende Fragen stellen:

- Haben sich meine Ansichten gegenüber anderer Kulturen geändert?
- Was hat sich im Team durch die unterschiedlichen Kulturen geändert?
- Was hat letztendlich zu einem leistungsfähigen Team geführt?
- Haben sich manche Ähnlichkeiten oder Unterschiede verstärkt?

6.5   Sprachkompetenz

Die Autorinnen haben mehrere Interviews mit Akteuren in der Gesundheitswirtschaft geführt. Bei der Frage, welchen Herausforderungen sie tagtäglich im interkulturellen Umfeld begegnen, haben fast alle Interviewpartner die Sprachkenntnisse der internationalen Belegschaft als problematisch angeführt.

Auch wenn bei der Bewerbung ein Sprachtest mit einem Sprachniveau von mindestens B2, bei Ärzten mittlerweile C1, verlangt wird, liegen die tatsächlichen Sprachkenntnisse meistens unter dem B2-Niveau. Diese Unterschiede erklären sich dadurch, dass die Sprachtests zum Teil veraltet sind oder die Prüflinge in einer geschützten Umgebung geprüft wurden. Müssen sie die Deutschkenntnisse dann im hektischen Stationsalltag umsetzen und können nicht auf B2-Niveau kommunizieren, wird der Verdacht schnell laut, dass der Sprachtest doch eigentlich nicht stimmen könne.

Eine Fachkraft, die ein B2-Niveau erfüllt, kann in der Regel die Sprache selbstständig verwenden. Das bedeutet, dass die Person komplexe Texte verstehen und Fachdiskussionen folgen kann. Auch kann sie sich spontan und fließend mit Muttersprachlern unterhalten. Eine klare und detaillierte Aussprache weist auf eine selbstständige Sprachverwendung hin (Gemeinsamer Europäischer Referenzrahmen für Sprachen o. J.). Im ärztlichen Bereich wird meistens das Sprachniveau C1 eingefordert. Das heißt, die fachkundigen Sprachkenntnisse ermöglichen eine klare, strukturierte und ausführliche Ausdrucksweise in komplexen Sachverhalten (Gemeinsamer Europäischer Referenzrahmen für Sprachen o. J.). Doch Sprachkenntnisse auf dem Niveau der allgemeinen Sprachniveaus reichen für eine erfolgreiche Berufsausübung nicht aus: Die Landesärztekammern Rheinland-Pfalz, Berlin, Thüringen und Bayern verlangen mittlerweile eine Fachsprachenprüfung (FSP) für Ärztinnen und Ärzte. Diese Prüfung erfolgt nach der Bescheinigung für ein Sprachniveau B2 (Berlin) oder C1 (Rheinland-Pfalz und Bayern). Diese besteht aus

- einem Vokabeltest mit 20 Wörtern aus der medizinischen Fachsprache
- einem Gespräch zwischen Arzt und Patient in Form eines Anamnesegesprächs oder einer Patientenaufklärung
- einem Gespräch mit einem anderen Arzt über die ermittelten Informationen
- einer schriftlichen Formulierung der Informationen aus dem Gespräch mit Verdachtsdiagnose und Untersuchungen (Ärzteblatt 2017; Bayrische Landesärztekammer o. J.; Ärztekammer Berlin o. J.; Ärztekammer Mainz 2017)

In Rheinland-Pfalz werden die ausländischen Ärzte zusätzlich in folgenden zwei Punkten überprüft:

- Beantwortung von Fragen zu einem schriftlich verfassten Befund und Arztbrief
- Beantwortung von Fragen zu am Telefon übermittelten Informationen (Ärztekammer Mainz 2017)

Die ersten Ergebnisse der noch relativ neuen Fachsprachenprüfung liegen aus Bayern vor: Von insgesamt 510 Prüflingen haben 244 bestanden. Dies ist weniger als die Hälfte aller Anwärter auf eine Anerkennung. Die Prüflinge hatten vor allem bei der Arzt-Arzt-Kommunikation über den vorstelligen Patienten auf fachlichem Niveau Probleme (Bundesärztekammer 2018).

Diese Sprachprüfungen sollen nicht als Hürde oder Abschreckung für ausländisches Personal in der Gesundheitswirtschaft gelten, sondern den oben genannten Sprachproblemen auf den Stationen und in den Wohnbereichen entgegenwirken.

Die Einrichtungen müssen auch bereit sein, in die Integration der ausländischen Fachkräfte zu investieren. Die Erfahrung einzelner Einrichtungen hat gezeigt, dass sich ein weiterer Deutschkurs lohnt. In einem gezielten Sprachkurs für den beruflichen Alltag ist weniger die Unterscheidung von Akkusativ und Dativ relevant, sondern das Erlernen von Satzbausteinen, um sich mit Kollegen und Patienten reibungslos unterhalten zu können und komplexe Sachverhalte nachvollziehen und entsprechend agieren zu können.

Wie wichtig Sprachkompetenz ist, wird im folgenden Abschnitt deutlich.

6.6   Interkulturelle Konfliktlösung und Mediation

Konflikte entstehen überall dort, wo Menschen miteinander agieren. In der Gesundheitswirtschaft ist die Interaktion besonders groß: Ärzte, Pflegekräfte, Therapeuten, etc. arbeiten sehr eng mit Patienten, Klienten und Angehörigen zusammen. Aber auch zwischen den Berufsgruppen entstehen immer wieder Konflikte, da unterschiedliche Ziele und Werte der einzelnen Berufsgruppen den Berufsalltag bestimmen. Gerade wenn es um die Behandlung von Patienten geht, können sich Pflegekräfte und Mediziner uneinig sein. Auch die eigenen Wertvorstellungen zu Sterben, Scham und Familie können sich von den Werten der Kollegen oder den Werten der Angehörigen unterscheiden.

Denken Sie hier z. B. an die Entscheidung über Leben und Tod bei älteren Menschen. Auch wenn Krankenhäuser klare Richtlinien haben und nicht zwischen Jung und Alt unterscheiden, so können Kollegen zum Thema „Geräte abstellen" immer noch hitzige Diskussionen führen. Das Argument „In Großbritannien bekommt man ab 70 Jahren z. B. keine künstliche Hüfte mehr und hier werden die 90-Jährigen nach einem Herzinfarkt an alle möglichen Schläuche angestöpselt" taucht dabei immer wieder auf.

Ob der Vergleich mit den Leistungen des National Health Service im United Kingdom stimmt oder nicht, sei dahingestellt. Jedoch wird hier ein intrapersonaler und interpersonaler Konflikt deutlich:

Ein intrapersonaler Konflikt entsteht dann, wenn eine Person zwei Ziele anstrebt, die sich gegenseitig ausschließen (Thomas 2016). In unserem Beispiel zu den lebensverlängernden Maßnahmen für einen 90-jährigen Patienten möchte ein Arzt zwar die beste Behandlung für jeden Patienten, sieht aber auch, was eine Pflegebedürftigkeit für den Patienten und die Angehörigen bedeutet. Als Arzt orientiert er sich am Hippokratischen Eid und schließt damit eine aktive Sterbehilfe aus. Hier befindet er sich im in intrapersonalen Konflikt.

Ein interpersonaler Konflikt entsteht dann, wenn zwei Personen unterschiedliche Ziele und Werte haben (Thomas 2016). Am Beispiel des 90-jährigen

Patienten können die Angehörigen darauf bestehen, dass der Patient nach Hause entlassen wird und „in Ruhe sterben" darf. Ein Arzt ist jedoch an die ethischen Bestimmungen des Krankenhauses und seines Berufsstandes gebunden. Das bedeutet, wenn der Patient keine Patientenverfügung hat, muss der Arzt alle notwendigen medizinischen Maßnahmen durchführen, die die Situation vorsieht.

Weiter gibt es noch die sozialen Konflikte, die durch eine Abhängigkeit zwischen den Personen bedingt und durch eine subjektive Betrachtung der beiden Personen zum Konflikt werden. Fehlt beispielsweise die gegenseitige Anerkennung der Leistung zwischen den Berufsgruppen, so findet ein Beziehungskonflikt statt. Oder wenn die eine Abteilung mehr Mittel erhält als die andere, so liegt ein Verteilungskonflikt vor (Thomas 2016). Sie können sich vorstellen, dass in der Gesundheitswirtschaft Beziehungs- und Verteilungskonflikte ständige Begleiter des Alltags sind. Die Beziehung zwischen Kollegen innerhalb einer Berufsgruppe, zwischen den Berufsgruppen, zwischen Mitarbeiter und Führungskraft, Beschäftigen und Patienten bzw. Angehörigen, Klienten und Kunden können durch die hohe Leistungsdichte und Kosteneinsparungen gestört werden.

Wenn nun noch unterschiedliche Kulturen aufeinandertreffen, kann die Begegnung äußerst konfliktreich erlebt werden. Verschiedene Untersuchungen zeigen, dass die Konflikte komplexer werden, wenn Personen aus unterschiedlichen Kulturen interagieren (Kriegel 2010).

In erster Linie sind interkulturelle Probleme sprachlich bedingt. Wenn die eigenen Ziele und Bedürfnisse nicht so formuliert werden können, dass die andere Person sie auch versteht, ist ein Konflikt sehr wahrscheinlich. Oft haben wir dieses Problem schon mit anderen Personen, die die gleiche Sprache sprechen. Kommt noch eine weitere Sprache hinzu, stößt man schnell an die Grenzen. Gerade bei Patienten, die sich in einer angespannten Lage befinden und sich dann auch noch in einer anderen Sprache ausdrücken müssen, sind Missverständnisse sehr wahrscheinlich.

Verfügt jemand nicht über eine angemessene Sprachkenntnis und Ausdrucksweise, so kann alleine daraus schon ein asymmetrisches Missverhältnis entstehen, was einen Beziehungskonflikt begünstigt (Erll und Gymnich 2015).

Oft zeichnet sich schon bei der ersten Begegnung der weitere Verlauf des Konflikts ab: Ist die andere Kulturzugehörigkeit durch das Aussehen oder die Sprache nicht sofort erkennbar, so wird die Begegnung erst einmal als „anders" erlebt. Ist die Kulturzugehörigkeit klar ersichtlich, kann unterschiedliches Verhalten mit „anderer Kultur" erklärt werden. Sprachprobleme verschärfen meistens den Konflikt, da Missverständnisse nicht so leicht angesprochen werden können (Thomas 2016).

Kulturelle Gruppen grenzen sich auch gerne voneinander ab, was mit der sozialen Identität und dem Bedürfnis nach Gruppenzugehörigkeit zusammenhängt. Damit möchten sich Menschen aus unterschiedlichen Kulturen voneinander abgrenzen, um die kulturelle Identität zu wahren. Selbst Werte und Normen, die sonst nicht so wichtig sind, werden beim Aufeinandertreffen mit Gruppenmitgliedern einer anderen Kultur stärker betont. Der interpersonale Konflikt wird somit zum Intergruppenkonflikt, selbst wenn sich nur zwei Personen aus unterschiedlichen Kulturen im Konflikt befinden. Denn jede Person beruft sich auf ihre Kulturgruppe mit deren Werten und Normen (Thomas 2016).

Hier wird deutlich, was den interkulturellen Konflikt verstärkt hat: Die eigene Identität wird als bedroht eingestuft, damit wird die Gruppenzugehörigkeit betont, die eigenen Werte und Normen werden stärker in den Vordergrund gestellt. Der Konflikt wird dann verschärft, wenn Status- und Machtunterschiede dominant gezeigt werden (Thomas 2016). Ein Konflikt ist daher immer als Prozess zu sehen.

Menschen sind durchaus in der Lage, eine andere Haltung und Perspektive einzunehmen und ihre Gruppenzugehörigkeit weniger stark zu betonen. Doch in Konfliktsituationen sind die Menschen gestresst und daher weniger flexibel (Kriegel 2010). In Stresssituation wird die eigene Kultur noch stärker wahrgenommen (Deym-Soden 2004).

Konfliktklärung
Bei interpersonalen Konflikten ist es wichtig, dass erst einmal herausgefunden wird, was der Konfliktpartner möchte: Welche Ziele und welche Bedürfnisse hat er? Was hat ihn zum Handeln motiviert?

Ein weiterer Schritt ist es, eine Verhandlungsbereitschaft zu erzeugen: Nicht nur die eigenen Interessen sind wichtig, sondern auch die des anderen.

Weiter ist das übergeordnete Ziel zu überlegen: Um was geht es eigentlich (Thomas 2016)?

Sind die Konfliktpartner nicht gewillt zur Aussprache oder ist der Konflikt bereits so weit fortgeschritten, dass eine Konfliktklärung der Kontrahenten nicht mehr möglich ist, bleibt die Möglichkeit, eine dritte Person einzubinden. Dies kann eine anerkannte Autorität sein, ein Ombudsmann, ein Schlichter oder ein Mediator. Immer größere Beliebtheit erfährt die Mediation.

Mediation ist ein Verfahren zur Vermittlung in Konflikten durch einen allparteilichen und in der Sache neutralen Dritten, der von allen Beteiligten akzeptiert wird (Bähner et al. 2011).

Bei einer interkulturellen Mediation ist eine Differenzierung wichtig: Gibt es einen Konflikt, bei dem die Konfliktpartner unterschiedlichen Kulturkreisen angehören oder gibt es den Konflikt wegen der unterschiedlichen Kulturkreise? Bei beiden Varianten ist eine interkulturelle Mediation wichtig. Diese unterscheidet sich von einer klassischen Mediation darin, dass der Konflikt zwischen zwei Menschen kulturell unterschiedlicher Herkunft gelöst wird.

Das Wesen einer interkulturellen Mediation ähnelt einer „normalen" Mediation: Die verschiedenen Wirklichkeiten werden bewusst gemacht und legitimiert, eine dritte Perspektive auf das Thema wird von beiden Kontrahenten eingenommen und letztendlich ein neuer Lösungsweg eingegangen, der den Interessen und Bedürfnissen aller Beteiligten entspricht (Kriegel 2010).

Eine Mediation im interkulturellen Kontext durchzuführen bedarf zweier Überlegungen: Die Bewusstwerdung und Formulierung der eigenen Interessen und Bedürfnisse ist nicht in jeder Kultur eine Selbstverständlichkeit. So stehen z. B. im asiatischen Raum die eigenen Bedürfnisse hinter den Bedürfnissen der Gruppe. Daher können viele Menschen aus diesem Kulturkreis ihre Bedürfnisse nicht formulieren.

Bezeichnend für eine in Deutschland übliche Mediation ist die klare Abfolge der verschiedenen Phasen. Dieses lineare bzw. monochrone Zeitverständnis widerspricht dem polychronen Zeitverständnis. Statt jeden Punkt nach und nach zu besprechen, wird in polychronen Kulturen alles auf einmal besprochen bzw. „das auf den Tisch gebracht, was gerade hochkocht". In der westlichen Kultur wird die Fairness in der Mediation mit Transparenz, Partizipation, Offenheit und Machtgleichgewicht beschrieben. Das Machtgleichgewicht bleibt jedoch in Kulturen, in denen die Hierarchie nicht infrage gestellt werden darf, wie z. B. in China, selbst in einer Mediation bestehen. Auch Partizipation ist nicht in jeder Kultur gewünscht. Dass der Mediator nur den Prozess vorgibt und nicht den Inhalt, kann je nach Kultur ausgehebelt werden. So kann es in manchen Kulturen durchaus von Vorteil sein, wenn der Mediator Lösungsvorschläge unterbreitet. Auch eine persönliche Beziehung zum Mediator und ein Einzelgespräch vor der Mediation sind in Deutschland nicht üblich, werden in anderen Kulturen jedoch erwartet (Kriegel 2010).

Eine interkulturelle Mediation ist demnach Verständigung und gegenseitiges Verstehen. Dabei werden unterschiedliche Konfliktstile, kulturelle Identitäten und das Fehlen einer gemeinsamen Kommunikationsebene berücksichtigt (Busch 2005).

Der interkulturelle Mediator muss daher sowohl im Prozess als auch in den Prinzipien flexibel sein. Ein Vermischen der Phasen (oder wenn manche Prozesse nicht für alle transparent sind) und das Erbringen von Lösungsvorschlägen durch den Mediator können immer noch eine erfolgreiche Mediation ermöglichen, die jedoch den jeweiligen Kulturstandards und den Werten angepasst wird. Ein hohes Maß an interkultureller Kompetenz, die Machtunterschiede berücksichtigt

(Kriegel 2010), und eine „persönliche und kulturelle Offenheit" (Busch 2005) sind die wichtigsten Voraussetzungen für eine gelungene Mediation im interkulturellen Setting.

6.7   Diversity Management als Strategie

Teamentwicklung, interkulturelle Mediation und Kompetenzentwicklung tragen zu einer erfolgreichen interkulturellen Verständigung bei. Doch dies sind meist nur Einzelmaßnahmen einzelner Bereiche und sie bedeuten eine hohe finanzielle, zeitliche und personelle Investition. Die Gefahr von bereichsbezogenen Maßnahmen ist, dass sie schnell den Zweck verfehlen und nicht nachhaltig sind.

Die interkulturelle Kompetenz darf nicht nur ein „Nice-to-Have" einzelner Mitarbeiter bleiben, sondern ist im Zusammenhang mit der Organisation zu betrachten. Sonst bleibt das Bemühen Einzelner eine Insellösung (Bolten 2010).

Interkulturelle Kompetenz in einer Organisation ist dann erforderlich, wenn eine kulturelle Vielfalt vorhanden ist. Wie die letzten Kapitel gezeigt haben, ist die kulturelle Vielfalt in der Gesundheitswirtschaft mittlerweile normal. Sowohl die Belegschaft als auch die Patienten und Kunden sind interkulturell.

Nicht nur die interkulturelle Belegschaft bedeutet Vielseitigkeit, sondern auch unterschiedliche Altersgruppen, Religionszugehörigkeit, sexuelle Ausrichtung, Geschlecht und Behinderung. Das Management dieser Vielseitigkeit wird auch Diversity Management genannt.

Es beinhaltet Maßnahmen und Instrumente zum Management von personeller Vielfalt. Bei einem professionell eingesetzten Diversity Management können nicht nur die Diskriminierung und Benachteiligung von Beschäftigten und Patienten abgebaut werden, sondern auch die besseren Unternehmensergebnisse erzielt werden (Pfannstiel 2014).

Diversity und Diversity Management sind keine neuen Themen und trotzdem aktuell. Ausgiebig wurde bereits geforscht, um die Vielseitigkeit der Gesellschaft zu benennen, deren Herausforderungen und Chancen zu identifizieren, und um Strategien im Umgang miteinander zu finden (Cox und Blake 1991; Thomas und Ely 1996). Bereits in einem Artikel von 1996 beschreiben Thomas und Ely, dass ein systematisches Diversity Management nicht nur zu einer finanziellen Gewinnsteigerung führte, sondern auch Lernen, Kreativität, persönliches und organisationales Wachstum förderte, ebenso wie die Fähigkeit, sich schnell auf Veränderungen einzustellen. Doch dies erfordert eine grundlegende Änderung der Haltung und des Verhaltens des Managements gegenüber einer vielseitigen Belegschaft (Thomas und Ely 1996). Cox und Blake zeigen auf, dass Diversity

Management als Wettbewerbsvorteil genutzt werden kann. Dies gelingt jedoch nur, wenn die Vielseitigkeit entsprechend gemanagt wird (Cox und Blake 1991) und das Team offen gegenüber Vielseitigkeit ist (Thomas und Ely 1996).

Von Diversity Management in der Gesundheitswirtschaft erhoffen sich Führungskräfte eine vielseitige Belegschaft, die unterschiedliche Bedürfnisse der vielseitigen Patienten erkennt und weitgehend erfüllt. Doch dadurch wird z. B. die türkische Pflegekraft oft in einen Rahmen gepresst, weil von ihr erwartet wird, dass sie türkische Patienten besser versteht als eine deutsche Pflegekraft. Manche sehen die Internationalisierung zunächst als „Mehrarbeit" an, wie eine Stationsleitung berichtet: „Die ungarische Schwester konnte kein Deutsch, obwohl sie das angegeben hat. Sie kann ja noch gar nicht richtig eingesetzt werden. Die Patienten haben sich schon beschwert, weil sie sie nicht verstanden haben." Untersuchungen zu Diversity im Krankenhaus ergeben, dass zwar vereinzelte Maßnahmen aus dem Diversity Management durchgeführt werden, diese jedoch nicht systematisiert sind (Pfannstiel 2014). Dabei kann ein systematisches Diversity Management die Integration von Fachkräften unterstützen, die Personalfluktuation senken und dem Krankenhaus helfen, den demografischen Herausforderungen zu begegnen. Doch Diversity wird im Krankenhaus meistens noch defizitorientiert betrachtet.

Trummer (2013) befragte Entscheidungsträger und Arbeitsmigranten im Krankenhaus nach den Problemen von Diversity und konnte aufzeigen, dass vor allem die Sprache und die fehlende Anerkennung der Berufsabschlüsse zu den größten Problemen führten. Im oberen Management wird Diversity Management noch nicht als relevant angesehen. Die Probleme werden oft erst an der Basis sichtbar und ausgetragen. Die Erfahrungen im Krankenhaus zeigen, wie wichtig ein Diversity Management ist, das von der Geschäftsführung befürwortet und gefördert wird. Nur so können die Vorteile sichtbar gemacht werden.

In den vorliegenden Studien im Gesundheitswesen wurden meistens Pflegekräfte an der Basis oder Führungskräfte im oberen Management, wie z. B. Personalleiter, Pflegedirektoren und Geschäftsführer, interviewt (Trummer 2013; Haupt und Bouncken 2013). Nicht Gegenstand der Forschung sind hingegen Stationsleitungen, die die Auswirkungen der migrationsspezifischen Heterogenität von Pflegeteams direkt spüren. So haben möglicherweise Stationsleitungen bereits wirksame Maßnahmen in der Praxis erprobt.

Bei allen Studien und Empfehlungen bleiben die meisten Diversity-Maßnahmen Insellösungen, sind nicht strategisch und ohne Berücksichtigung der Organisationskultur ausgerichtet (Haupt und Bouncken 2013). Beispielsweise könnte untersucht werden, wo Diversity Management in Einrichtungen der Gesundheitswirtschaft implementiert werden soll: in der Personal- und Organisationsentwicklung oder im Projektmanagement. Klar ist, dass eine entsprechende Organisationskultur ein wichtiger Faktor ist, um Diversity zu fördern (Kap. 3).

Schmidt und Walter haben in ihrem Fachartikel zum Diversity Management im Gesundheitswesen Schritte zur Umsetzung eines Diversity Managements beschrieben (Schmidt und Walter 2014). Dabei orientieren sie sich an den bewährten Schritten der Qualitätssicherung: plan – do – check – act.

Verankerung des Diversity Managements im Unternehmen
Oft sind Diversity-Maßnahmen Insellösungen und reihen sich ein in eine große Zahl anderer Projekte. Diversity Management benötigt jedoch die Zustimmung des Top-Managements. Wenn Diversity Management z. B. durch eine Stabsstelle in der Geschäftsführung verankert wird, mach dies die strategische Relevanz für Beschäftigte und für Kunden sichtbar.

Gründung eines Lenkungsausschusses
Ein Lenkungsausschuss soll die Prozesse des Diversity Managements steuern und strategische Entscheidungen treffen. Daher gehören dem Lenkungsausschuss Personen mit einer Entscheidungsbefugnis an. Der Leiter der Personalabteilung, der Leiter der Organisationsentwicklung und der Geschäftsführer wären beispielsweise die ideale Besetzung.

Definition von Diversity
Nun ist das Verständnis von Diversity im Unternehmen zu klären. Je nach Belegschaft und Kunden erfährt Diversity eine unterschiedliche Ausrichtung. Diese kann während einer Führungskräftetagung entwickelt werden. Moderiert werden soll diese Tagung von einer Person, die geeignete Impulse zu Diversity setzen kann.

Zielbeschreibung
Auf der Grundlage des gemeinsamen Verständnisses von Diversity wird das Ziel des Diversity Managements formuliert. Folgende Fragestellungen sind dabei hilfreich:

- Was ist das Ziel des Diversity Managements?
- Wird dieses Ziel aus ökonomischen, rechtlichen und/oder ethischen Gründen verfolgt?
- Wer soll von Diversity Management profitieren? Profitieren hier nur die Patienten und Beschäftigen, oder auch die Zulieferer und die Region, in der die Einrichtung liegt?

Ist-Analyse

In diesem Schritt soll festgestellt werden, inwieweit die Beschäftigtenstruktur für ein Diversity Management relevant ist. Oft gibt es in den Unternehmen schon Diversity-Ansätze, die jedoch nur in einzelnen Abteilungen eine Rolle spielen oder wieder in Vergessen geraten sind. Beispielsweise haben sich schon manche Einrichtungen zur Vereinbarkeit von Beruf und Familie zertifizieren lassen. Unter www.online-diversity.de steht Ihnen ein Selbstanalyseinstrument zur Verfügung.

Business Case

Nun erfolgt die Berechnung der Rentabilität und des Nutzens von Diversity Management in der Einrichtung. Dazu dienen Information aus dem Personalcontrolling als Grundlage. Folgende Fragen können beispielsweise gestellt werden:

- Wie ist die Altersstruktur heute und in fünf bis zehn Jahren?
- Wie hoch ist die Fluktuationsrate und gibt es eine Tendenz in bestimmten interkulturellen Gruppen?
- Was bedeutet ein Ausbleiben von Diversity Management für die Einrichtung? Kann sich die Einrichtung das leisten?
- Welche Zielgruppen und Kundengruppen können durch ein Diversity Management angeworben werden?
- Gibt es einen Imagegewinn?
- Welche Kennzahlen sind für das Diversity Management wichtig?
- Wie lassen sich die Erfolge des Diversity Managements messen?

Entwicklung der Strategie

Nach dem Business Case kann der Lenkungsausschuss die Diversity-Strategie entwickeln. Dabei werden die Ziele und die Handlungsfelder berücksichtigt.

Promotoren

Eine Strategie muss auch umgesetzt werden. Hier helfen Promotoren, die in der Einrichtung in einer bestimmten Position sind und einen Einfluss auf andere Beschäftigte haben. Beispielsweise sind Stationsleitungen, Oberärzte und Mitarbeitervertretungen ideale Promotoren, da sie die größte Einflussmöglichkeit auf die Belegschaft haben.

Handlungsfelder und Teilziele

Die Ist-Analyse ergab auch die Handlungsfelder, in denen der Schwerpunkt im Diversity Management abgebildet wird. Hat z. B. die Einrichtung einen hohen Anteil an interkultureller Belegschaft und Kunden, dazu noch viele Eltern, so werden die Handlungsfelder „Interkulturalität" und „Vereinbarkeit von Beruf und Familie" sein. Nun gilt es, Teilziele zu definieren, um die Gesamtziele (s. o.) zu erreichen. Im Handlungsfeld „Interkulturalität" könnte dies z. B. bedeuten, die Anzahl und Anwesenheitszeiten der Dolmetscher zu erhöhen, damit die Verständigung keine Hürde darstellt. Auch könnte die Anzahl der interkulturellen Trainings erhöht werden, um die Konflikte auf den Stationen zu reduzieren.

Einzelne Maßnahmen planen und durchführen
Nun erfolgt der Maßnahmenkatalog, um die Ziele zu ermöglichen. Der Maßnahmenkatalog ist mit den Verantwortlichen, den Zeiten, den Zielen und den erforderlichen Ressourcen versehen. Ressourcen können sich dabei auf die Personen oder ein Budget beziehen.

Evaluation
Im Abstand von ca. sechs Monaten sollten die Maßnahmen evaluiert werden. Die Evaluation kann dabei durch Fragebögen, persönliche Gespräche mit Promotoren, Personen aus dem Lenkungskreis und den betroffenen Beschäftigten stattfinden. Dabei können folgende Fragen helfen:

• Sind Veränderungen sichtbar?
• Wurden die Ziele erreicht?
• Wo gab es Herausforderungen?

Interne Kommunikation
Alle Beteiligten sollen von Erfolgen, aber auch Misserfolgen erfahren. Dies kann durch eine Mitarbeiterzeitung, eine Information in der Gehaltsbeilage, im Intranet oder über Kommunikationsforen erfolgen. Damit steigt die Akzeptanz der Beschäftigten, bei weiteren Maßnahmen mitzumachen. Auch wenn Misserfolge gerne verschwiegen werden, so hilft die offene Kommunikation dieser dabei, die Stolpersteine zu identifizieren. Meistens führen fehlendes Commitment aller Führungskräfte, fehlende Vorbilder und das Ausbleiben von Erfolgserlebnissen zur Demotivation. Allen muss bewusst sein, dass Diversity Management eine Verhaltensänderung bedeutet, die alle Beschäftigten fordert und Zeit benötigt. Durch eine kontinuierliche Evaluation und das Einfügen von Verbesserung ermöglicht Diversity Management eine Akzeptanz von Diversität in der Einrichtung.

Zusammenfassung

In diesem Kapitel haben Sie erfahren, wie die interkulturelle Kommunikation gelingen kann. Dabei ist jeder Beschäftigte in der Organisation gefordert: von der Basis bis zum Geschäftsführer. Die Möglichkeiten reichen dabei von der Kompetenz des einzelnen Beschäftigten bis zur Unternehmensstrategie. In erster Linie ist jeder Beschäftigte gefordert, interkulturelle Kompetenz zu erwerben, die insbesondere durch Offenheit und Empathie gelingen. Eine andere Möglichkeit des Kompetenzerwerbs ist das klassische Training oder ein individuelles Coaching. Die Angebote werden dann auf die entsprechenden Kulturstandards und -dimensionen sowie den Kontext (z. B. OP oder Arztpraxis) zugeschnitten.

Unabhängig davon ist ein hohes Niveau in Deutsch für die ausländischen Fachkräfte unerlässlich. Die meisten Tätigkeiten in der Gesundheitswirtschaft sind auf Kommunikation ausgelegt. Wenn die sprachlichen Grundlagen nicht vorhanden sind, nutzen auch Trainings und Teamentwicklungen nichts. Auch bei Sprachkursen ist es wichtig, keine Standard-Kurse anzubieten, sondern den Inhalt auf den Einsatzort zu fokussieren. Da Interkulturalität auch Konfliktpotenzial birgt, sind Teamentwicklungen und Mediationen weitere nützliche Maßnahmen, um dann erfolgreich kommunizieren zu können.

Letztendlich ist ein in der Einrichtung verankertes Diversity Management die beste Möglichkeit, Unterschiede – nicht nur in der Kultur – zu leben und zu nutzen. Mit der Entwicklung einer Diversity-Strategie ist jedes Unternehmen in der Gesundheitswirtschaft für interkulturelle Entwicklungen gestärkt.

Fragen

1. Recherchieren Sie nach Diversity Management in Einrichtungen der Gesundheitswirtschaft. Welche Schwerpunkte haben die Einrichtungen in Bezug auf das Diversity Management?
2. In welchen Dimensionen der interkulturellen Kompetenz nach Olebe und Koester sind Sie kompetent? Welche müssen Sie noch entwickeln?
3. Stellen Sie sich vor, Sie sind ausländische Fachkraft und starten Ihren ersten Arbeitstag im neuen Krankenhaus. Was sollte passieren, damit Sie sich willkommen fühlen?
4. Welche Konflikte aufgrund unterschiedlicher Kulturen haben Sie schon erlebt? Was wurde gemacht, um den Konflikt zu lösen?
5. Welche Punkte sollten Ihrer Meinung Bestandteil eines interkulturellen Trainings für Ihren Fachbereich sein?

Literatur

Adams, D. (1960). The monkey and the fish. Cultural pitfalls of an educational advisor. *International Development Review, 2*(2), 22–24.

Ärzteblatt. (2017). Ärztekammer Thüringen übernimmt Sprachprüfung für ausländische Ärzte. 27. September 2017. https://www.aerzteblatt.de/nachrichten/80570/Aerztekammer-Thueringen-uebernimmt-Sprachpruefung-fuer-auslaendische-Aerzte. Zugegriffen: 26. Jan. 2018.

Ärztekammer Berlin. (o. J.). Fachsprachenprüfung. https://www.aerztekammer-berlin.de/10arzt/61_Fachsprachpruefung/index.html. Zugegriffen: 26. Jan. 2018.

Ärztekammer Mainz. (2017). Hinweise zur Fachsprachenprüfung für ausländische Ärzte in Rheinland-Pfalz. https://aerztekammer-mainz.de/pdf/diverse/Hinweise-FSP-2017.pdf. Zugegriffen 26. Jan. 2018.

Bähner, C., Oboth, M., & Jörg, S. (2011). *Konfliktklärung in Teams und Gruppen.* Paderborn: Junfermann.

Bayrische Landesärztekammer. (o. J.). Sprachtest Aufgabenstellung. http://www.blaek.de/docs/pdf_info/Sprachtest%20Aufgabenstellung%20TN.pdf. Zugegriffen: 26. Jan. 2018.

Bolten, J. (2010). Können Organisationen interkulturelle Kompetenz ausbilden? Zum Zusammenspiel von interkultureller Organisations- und Personalentwicklung und interkulturellem Wissensmanagement. In C. I. Barmeyer & J. Bolten (Hrsg.), *Interkulturelle Personal- und Organisationsentwicklung.* Sternenfels: Wissenschaft & Praxis Dr. Brauner.

Bugari, A. (2009). Interkulturelle Leadership als Unternehmenskultur. In C. Voigt (Hrsg.), *Interkulturell Führen – Diversity 2.0 als Wettbewerbsvorteil* (S. 217–227). Zürich: Neue Zürcher Zeitung.

Bundesärztekammer. (2018). Bayern: Fachsprachenprüfung für internationale Ärztinnen und Ärzte: 244 ausländische Ärzte bestehen.

Busch, D. (2005). *Interkulturelle Mediation. Eine theoretische Grundlegung triadischer Konfliktbearbeitung in interkulturell bedingten Kontexten.* Frankfurt a. M.: Lang.

Charta der Vielfalt. (o. J.). Die Diversity Dimensionen. https://www.charta-der-vielfalt.de/diversity-verstehen/diversity-dimensionen/. Zugegriffen: 02. Jan.2014.

Cox, T., & Blake, S. (1991). Managing cultural diversity: Implications for organizational competitiveness. *Academy of Management Executives., 5*(3), 45–56.

Deardorff, D. K. (2009). *The Sage Handbook of Intercultural Competence.* Los Angeles: Sage.

Deym-Soden, B. (2004). (Inter)kulturelle Mediation. In P. Geißler & I. Amann (Hrsg.), *Mediation – Theorie und Praxis. Neue Beiträge zur Konfliktregelung* (S. 97–163). Gießen: Psychosozial-Verlag.

Erll, A., & Gymnich, M. (2015). *Interkulturelle Kompetenzen – Erfolgreich kommunizieren zwischen den Kulturen* (3. Aufl.). Stuttgart: Klett.

Gardenswartz, L., Cherbosque, J., & Rowe, A. (2010). Emotional intelligence and diversity: A model for differences in the workplace. *Journal of Psychological Issues in Organizational Culture, 1,*74–84.

Gemeinsamer Europäischer Referenzrahmen für Sprachen. (o. J.). http://www.europaeischer-referenzrahmen.de/. Zugegriffen: 26. Jan. 2018.

Haupt, A., & Bouncken, R. (2013). Umgang und Nutzung von Diversity in Krankenhäuser. Interviews mit Führungskräften. In R. Bouncken, M. Pfannstiel, & A. Reuschen (Hrsg.), *Dienstleistungsmanagement im Krankenhaus. Prozesse, Produktivität und Diversität* (S. 345–366). Wiesbaden: Springer Gabler.

Keller, Ev. (1995). Kulturabhängigkeit der Führung. In A. Kieser, G. Reber, & R. Wunderer (Hrsg.), *Handwörterbuch der Führung* (2. Aufl.). Stuttgart: Schäffer-Poeschel.

Koester, J., & Olebe, M. (1988). The behavioral assessment scale for intercultural communication effectiveness. *International Journal of Intercultural Relations, 12,*233–246.

Kriegel, K. (2010). Interkulturelle Mediation als Konfliktlösung in Organisationen. In C. I. Barmeyer & J. Bolten (Hrsg.), *Interkulturelle Personal- und Organisationsentwicklung. Methoden, Instrumente und Anwendungsfälle.* Sternenfels: Verlage Wissenschaft und Praxis.

Kühlmann, T. M. (2005). Mitarbeiterführung und kulturelle Diversität. In G. K. Stahl, W. Mayrhofer, & T. M. Kühlmann (Hrsg.), *Internationales Personalmanagement: neue Aufgaben, Neue Lösungen [E-Book]* (1. Aufl., S. 175–192). Mering: Hampp.

Lustig, M., & Koester, J. (2010). *Intercultural competence: Interpersonal communication across cultures* (6. Aufl.). Boston: Allyn & Bacon.

Müller, C., & Sander, G. (2011). *Innovativ führen mit Diversity-Kompetenz: Vielfalt als Chance* (2. Aufl.). Bern: Haupt.

Pfannstiel, M. (2014). State of the Art von Maßnahmen und Instrumenten zum Management der Patienten- und Mitarbeiterdiversität im Krankenhaus. In R. Bouncken, M. Pfannstiel, & A. Reuschen (Hrsg.), *Dienstleistungsmanagement im Krankenhaus* (Bd. II, S. 381–427). Wiesbaden: Springer Gabler.

Rosenstiel, L. v. (2014). Grundlagen der Führung. In L. v. Rosenstiel, E. Regnet, & M. E. Domsch (Hrsg.), *Führung von Mitarbeitern. Handbuch für erfolgreiches Personalmanagement* (7. Aufl., S. 3–28). Stuttgart: Schäffer-Poeschel.

Schmidt, B., & Walter, C. (2014). Vom Allgemeinen Gleichbehandlungsgesetz zu Diversity Management im Gesundheitswesen (2014). In R. Bouncken, M. Pfannstiel, & A. Reuschen (Hrsg.), *Dienstleistungsmanagement im Krankenhaus* (Bd. II, S. 469–501). Wiesbaden: Springer Gabler.

Thomas, A. (1999). Gruppen. In L. von Rosenstiel, E. Regnet, & M. E. Domsch (Hrsg.), *Führung von Mitarbeitern: Handbuch für erfolgreiches Personalmanagement* (4. überarb. Aufl., S. 513–332). Stuttgart: Schäffer-Poeschel.

Thomas, A. (2016). *Interkulturelle Psychologie. Verstehen und Handeln in internationalen Kontexten.* Göttingen: Hogrefe.

Thomas, D. E., & Ely, R. J. (1996). Making differences mater: A new paradigm for managing diversity. *Harvard Business Review, 74*(5), 79–90.

Trummer, U. (2013). Diversität am Arbeitsplatz Krankenhaus: Hemmschuh und Chance. In R. Bouncken, M. Pfannstiel, & A. Reuschen (Hrsg.), *Dienstleistungsmanagement im Krankenhaus. Prozesse, Produktivität und Diversität* (S. 327–343). Wiesbaden: Springer Gabler.

Tuckman, B. W., & Jensen, M. A. C. (2010). Stages of small groups revisited. *Group and Organization Management, 2*(4), 419–427.

Walter, C. (2014). Interkulturelle Teamentwicklung. CNE.magazin (4), 7–11.

Walter, C., & Matar, Z. (2014). Healthcare Germany. Intercultural game. Diversophy. https://diversophy.com/products/healthcare-germany-1. Zugegriffen: 28. Jan. 2018.

Schlussbemerkung

7

Wenn Sie das Buch gelesen haben, werden Sie gedanklich in einige Länder gereist sein, vermutlich Ihre eigene Haltung und Ihr Verhalten reflektiert und von Kollegen gelernt haben. Vielleicht haben Sie auch erkannt, dass Ökonomie und Kultur zusammengehören. In diesem Buch haben wir diese beiden Disziplinen immer wieder in Zusammenhang gebracht, da die interkulturelle Kommunikation zu reibungslosen Abläufen, zu einer niedrigeren Fluktuation und zu zufriedenen Beschäftigten und Patienten führt.

Deutlich wurde aber auch, dass es bis zu einer flächendeckend gelungenen interkulturellen Kommunikation noch ein weiter Weg ist. Selbst die USA als Einwanderungsland müssen sich immer wieder neu positionieren und geeignete Wege finden. Die American Hospital Association geht genau die Punkte an, die in verschiedenen Studien immer wieder zum Ausdruck kamen: Kenntnisse über die Patienten verbessern, wie z. B. über Ethnie und Sprachpräferenz, interkulturelle Kompetenztrainings und Vielfalt auch bei den Führungskräften.

Interkulturalität in der Gesundheitswirtschaft hat es immer gegeben, besonders in den klassischen Einwanderungsländern wie USA, Australien oder Kanada. Durch die globalisierte Welt wurde das Verständnis von Interkulturalität auch in Deutschland etabliert, wenn auch erst seit einigen Jahren. Zahlen und Fakten zeigen, dass dieser Trend in Deutschland zunehmen wird. Daher ist es so wichtig, überlegte und intelligente Strategien zu entwickeln, um die Vorteile für die Beschäftigten in der Gesundheitswirtschaft klarzustellen, deren Potenzial zu erhöhen und ihre Arbeit zeitgemäß zu gestalten.

Auch wenn die Herausforderungen groß sind, sind die Chancen genauso groß. Denn die Voraussetzungen für eine gelungene interkulturelle Kommunikation sind vorhanden. Das zeigen die Fallbeispiele in diesem Buch genauso wie die Antworten in den Interviews.

© Springer Fachmedien Wiesbaden GmbH, ein Teil von Springer Nature 2018   155
C. Walter und Z. Matar, *Interkulturelle Kommunikation in der
Gesundheitswirtschaft*, https://doi.org/10.1007/978-3-658-20241-5_7

Dabei ist es uns wichtig zu betonen, dass nicht Kulturen auf Kulturen treffen, sondern dass Menschen manchmal auf sehr unterschiedliche Menschen treffen, deren Handeln und Verhalten nicht unbedingt immer und direkt auf ihre Kultur zurückzuführen ist.

Mit einem Auszug aus einem Lehrbuch für Pflegekräfte, „Nursing: A Concept-Based Approach to Learning" (Trakalo et al. 2015), möchten wir zeigen, wie wichtig es ist, den Menschen zu betrachten und ihn nicht in ein kulturelles Schema zu pressen. Wie in Kap. 2 beschrieben wurde, gehen Patienten unterschiedlich mit Schmerzen um. In diesem Lehrbuch aus den USA wird Pflegekräften erklärt, wie Patienten unterschiedlicher Kulturen auf Schmerzäußerungen reagieren:

> Native Americans usually tolerate a high level of pain without requesting pain medication.
> Jews may be vocal and demanding of assistance.

Dieses Buch wurde in den sozialen Medien so stark als rassistisch und antisemitisch kritisiert, dass der Verleger die umstrittene Passage entfernte und sich dafür entschuldigte.

Auch wenn uns nicht bekannt ist, ob solche Passagen auch in deutschen Lehrbüchern stehen, so ist der Begriff „Morbus Bosporus" auf Stationen allgegenwärtig und ebenso rassistisch.

Wir haben also noch einen langen Weg vor uns, bis kulturelle Unterschiede nicht mehr als problematisch betrachtet werden oder zur Erklärung für unterschiedliches Verhalten herhalten müssen, sondern als Erfolgsfaktoren in einer diversen Welt gesehen werden.

Menschen und Menschengruppen zu unterscheiden ist normal und führt noch nicht zur Bewertung der Menschen. Sobald jedoch Stereotypen oder Vorurteile die Interaktion beinträchtigen, ist spätestens dann eine Selbstreflexion und die interkulturelle Kompetenzentwicklung erforderlich.

Literatur

Trakalo, K., Horowitz, L., & McCulloch, A. (Hrsg.) (2015). *Nursing. A concept-based approach to learning* (Bd. II, 2. Aufl.). Boston: Pearson Education Inc.

Printed in the United States
By Bookmasters